2023년도 제34회 시험대비 THE LAST 모의고사
최성진 부동산공법

회차	문제수	시험과목
1회	40	부동산공법

수험번호		성명	

【수험자 유의사항】

1. 시험문제지의 **총면수, 문제번호, 일련순서, 인쇄상태** 등을 확인하시고, 문제지 표지에 수험번호와 성명을 기재하시기 바랍니다.

2. 답은 각 문제마다 요구하는 **가장 적합하거나 가까운 답 1개**만 선택하고, 답안카드 작성 시 시험문제지 **마킹착오**로 인한 불이익은 전적으로 **수험자에게 책임**이 있음을 알려드립니다.

3. 답안카드는 국가전문자격 공통 표준형으로 문제번호가 1번부터 125번까지 인쇄되어 있습니다. 답안 마킹 시에는 반드시 **시험문제지의 문제번호와 동일한 번호**에 마킹하여야 합니다.

4. **감독위원의 지시에 불응**하거나 시험시간 종료 후 답안카드를 제출하지 않을 경우 불이익이 발생할 수 있음을 알려드립니다.

5. 시험문제지는 시험 종료 후 가져가시기 바랍니다.

6. 답안작성은 **시험시행일 현재 시행되는 법령 등**을 적용하시기 바랍니다.

7. 가답안 의견제시에 대한 개별회신 및 공고는 하지 않으며, **최종 정답 발표로 갈음**합니다.

8. 시험 중 **중간 퇴실은 불가**합니다. 단, 부득이하게 퇴실할 경우 **시험 포기각서 제출 후 퇴실은 가능**하나 **재입실이 불가**하며, **해당시험은 무효처리**됩니다.

박문각은 여러분의 제34회 공인중개사 시험 합격을 진심으로 응원합니다!

부동산공법 중 부동산 중개에 관련되는 규정

1. 국토의 계획 및 이용에 관한 법령상 광역도시계획에 관한 설명으로 옳은 것은?

① 광역계획권은 국토교통부장관 또는 시·도지사가 지정할 수 있다.

② 광역계획권을 지정한 날부터 2년이 지날 때까지 관할 시장 또는 군수로부터 광역도시계획의 승인 신청이 없는 경우에는 관할 도지사가 직접 광역도시계획을 수립하여야 한다.

③ 광역계획권이 2 이상의 시·도의 관할 구역에 속하여 있는 경우에는 국토교통부장관이 수립하여야 한다.

④ 광역도시계획을 공동으로 수립하는 시·도지사는 그 내용에 관하여 서로 협의가 이루어지지 아니하는 때에는 공동으로 국토교통부장관에게 조정을 신청할 수 있다.

⑤ 국토교통부장관, 시·도지사, 시장 또는 군수가 기초조사정보체계를 구축한 경우에는 등록된 정보의 현황을 10년마다 확인하고 변동사항을 반영하여야 한다.

2. 국토의 계획 및 이용에 관한 법령상 도시·군기본계획에 관한 설명으로 옳은 것은?

① 도시·군기본계획은 10년을 단위로 수립하는 장기적인 발전방향을 제시하는 계획으로 도시·군관리계획입안의 지침이 되는 계획이다.

② 다른 법률에 따른 지역·지구 등의 지정으로 인하여 도시·군기본계획의 변경이 필요한 경우에는 토지적성평가를 하여야 한다.

③ 도시지역에 대하여는 반드시 도시·군기본계획을 수립하여야 한다.

④ 도시·군기본계획을 수립할 때 기초조사의 내용에 국토교통부장관이 정하는 바에 따라 실시하는 토지적성평가와 재해취약성분석을 포함하여야 한다.

⑤ 도시·군기본계획은 지역적 특성 및 계획의 방향·목표에 관한 사항을 포함하므로 구체적으로 수립하여야 한다.

3. 국토의 계획 및 이용에 관한 법령상 도시·군관리계획의 내용에 해당하는 것은 모두 몇 개인가?

> ㄱ. 도시 및 주거환경정비법에 의한 정비사업에 관한 계획
> ㄴ. 공원·녹지·유원지 등의 공간시설의 설치에 관한 계획
> ㄷ. 기반시설부담구역을 지정하는 계획
> ㄹ. 농업진흥지역을 지정하는 계획
> ㅁ. 입지규제최소구역을 지정하는 계획
> ㅂ. 지구단위계획의 수립에 관한 계획
> ㅅ. 개발밀도관리구역의 지정에 관한 계획
> ㅇ. 개발진흥지구의 변경에 관한 계획
> ㅈ. 성장관리계획구역의 지정에 관한 계획

① 4개   ② 5개   ③ 6개   ④ 7개   ⑤ 8개

4. 국토의 계획 및 이용에 관한 법령상 용도지역별 용적률의 최대한도가 다음 중 가장 큰 것은?(단, 조례 등 기타 강화·완화조건을 고려하지 않음)

① 제1종 전용주거지역

② 준공업지역

③ 일반공업지역

④ 준주거지역

⑤ 제3종 일반주거지역

5. 국토의 계획 및 이용에 관한 법령상 용도지역에 관한 설명으로 옳은 것은?

① 도시지역·관리지역·농림지역 또는 자연환경보전지역으로 용도가 지정되지 아니한 지역에 대하여는 건폐율에 대하여는 관리지역에 관한 규정을 적용한다.

② 도시지역이 세부 용도지역으로 지정되지 아니한 경우 용적률에 대하여는 생산녹지지역에 관한 규정을 적용한다.

③ 관리지역에서 농지법에 따른 농업진흥지역으로 지정·고시된 지역은 국토의 계획 및 이용에 관한 법률에 따른 농림지역으로 결정·고시된 것으로 본다.

④ 공유수면의 매립목적이 그 매립구역과 이웃하고 있는 용도지역의 내용과 같으면 그 매립구역이 속할 용도지역은 도시·군관리계획결정으로 지정하여야 한다.

⑤ 택지개발촉진법에 의한 택지개발지구로 지정·고시된 지역은 국토의 계획 및 이용에 관한 법률에 따른 관리지역으로 결정·고시된 것으로 본다.

6. 국토의 계획 및 이용에 관한 법령상 용도지구에 관한 설명으로 틀린 것은?

① 특정용도제한지구는 주거 및 교육 환경 보호나 청소년 보호 등의 목적으로 오염물질 배출시설, 청소년 유해시설 등 특정시설의 입지를 제한할 필요가 있는 지구이다.

② 복합용도지구는 지역의 토지이용 상황, 개발 수요 및 주변 여건 등을 고려하여 효율적이고 복합적인 토지이용을 도모하기 위하여 특정시설의 입지를 완화할 필요가 있는 지구이다.

③ 복합용도지구는 일반주거지역, 일반공업지역, 계획관리지역에 지정할 수 있다.

④ 시·도지사는 필요하면 법정된 용도지구 외에 새로운 용도지구를 시·도의 조례로 신설할 수 있으며, 해당 용도지역 또는 용도구역의 행위제한을 완화하는 신설은 아니된다.

⑤ 자연취락지구란 개발제한구역 안의 취락을 정비하기 위해 필요한 지구이다.

7. 국토의 계획 및 이용에 관한 법령상 도시계획위원회에 관한 설명으로 옳은 것은?

① 중앙도시계획위원회의 회의는 재적위원 과반수의 출석으로 개의하고, 출석위원 과반수의 찬성으로 의결한다.

② 시·도도시계획위원회의 위원장과 부위원장은 위원 중에서 해당 시·도지사가 임명 또는 위촉한다.

③ 시·도도시계획위원회는 위원장 및 부위원장 각 1명을 포함한 20명 이상 25명 이하의 위원으로 구성한다.

④ 시·군·구도시계획위원회에는 분과위원회를 둘 수 없다.

⑤ 중앙도시계획위원회 회의록은 심의 종결 후 3개월 이내에 공개 요청이 있는 경우 원본을 제공하여야 한다.

8. 국토의 계획 및 이용에 관한 법령상 기반시설 및 도시·군계획시설 등에 관한 설명으로 옳은 것은?

① 공동구의 설치에 필요한 비용은 이 법 또는 다른 법률에 특별한 규정이 있는 경우를 제외하고는 공동구 점용예정자와 사업시행자가 부담한다.

② 도시·군계획시설사업이 둘 이상의 지방자치단체의 관할 구역에 걸쳐 시행되는 경우, 사업시행자에 대한 협의가 성립되지 아니하는 때에는 사업면적이 가장 큰 지방자치단체가 사업시행자가 된다.

③ 행정청이 아닌 도시·군계획시설사업의 시행자는 지방자치단체가 도시·군계획시설사업으로 현저한 이익을 받았을 때에는 그 지방자치단체와 협의하여 그 도시·군계획시설사업에 소요되는 비용의 일부를 그에게 부담시킬 수 있다.

④ 행정청이 아닌 도시·군계획시설사업시행자의 처분에 대하여는 그 시행자에게 행정심판을 제기하여야 한다.

⑤ 도시·군관리계획결정의 고시가 있은 때에는 공익사업을 위한 토지 등의 취득 및 보상에 관한 법률에 의한 사업인정 및 고시가 있었던 것으로 본다.

9. 국토의 계획 및 이용에 관한 법령상 장기미집행 도시·군계획시설부지인 토지에 대한 매수청구에 관한 설명으로 틀린 것은?

① 해당 부지 중 지목이 대(垈)인 토지의 소유자는 매수의무자에게 그 토지의 매수를 청구할 수 있다.

② 매수의무자는 매수청구를 받은 날부터 6개월 이내에 매수 여부를 결정하여 통지하여야 한다.

③ 매수의무자가 매수하기로 결정한 토지는 매수결정을 알린 날부터 2년 이내에 매수하여야 한다.

④ 매수의무자가 매수하지 아니하기로 결정한 경우 매수청구자는 개발행위허가를 받아 3층의 다가구주택을 건축할 수 있다.

⑤ 지방자치단체인 매수의무자는 토지소유자가 원하는 경우 토지매수대금을 도시·군계획시설채권으로 지급할 수 있다.

10. 국토의 계획 및 이용에 관한 법령상 반드시 지구단위계획구역으로 지정하여야 하는 지역에 해당하지 않는 것은? (단, 당해 지역에 토지 이용과 건축에 관한 계획이 수립되어 있는 경우가 아님)

① 개발제한구역에서 해제되는 구역 중 계획적인 개발 또는 관리가 필요한 지역으로 그 면적이 30만m² 이상인 지역

② 「택지개발촉진법」에 따라 지정된 택지개발지구에서 시행되는 사업이 끝난 후 10년이 지난 지역

③ 도시지역의 체계적·계획적인 개발 또는 관리가 필요한 지역으로 녹지지역에서 주거지역으로 변경되는 지역 중 그 면적이 30만m² 이상인 지역

④ 도시지역의 체계적·계획적인 개발 또는 관리가 필요한 지역으로 공원이나 시가화조정구역에서 해제되는 지역 중 그 면적이 30만m² 이상인 지역

⑤ 「도시 및 주거환경정비법」에 따라 지정된 정비구역에서 시행되는 사업이 끝난 후 10년이 지난 지역

11. 국토의 계획 및 이용에 관한 법령상 개발행위에 관한 설명으로 옳은 것은?

① 경작을 위한 전·답사이의 지목변경을 수반하는 토지의 형질변경을 하고자 하는 자는 특별시장·광역시장·특별자치시장·특별자치도지사·시장 또는 군수의 허가를 받아야 한다.

② 도시·군계획사업에 의하지 않는 개발행위로서 상업지역 내 9,000m²의 토지형질변경을 하는 경우에는 허가를 받아야 한다.

③ 기반시설부담구역으로 지정된 지역에서는 최장 3년 동안 개발행위허가를 제한할 수 있다.

④ 성장관리계획을 수립한 지역에서 부피 3만m³ 이상의 토석채취에 한하여 도시계획위원회의 심의를 거쳐야 한다.

⑤ 개발행위허가를 받은 부지면적 또는 건축물 연면적을 5% 범위 안에서 축소하거나 확대하는 경우에는 별도의 변경허가를 받을 필요가 없다.

12. 국토의 계획 및 이용에 관한 법령상 개발밀도관리구역과 기반시설부담구역에 관한 설명으로 옳은 것은?

① 개발밀도관리구역은 해당 지역의 전년도 개발행위허가 건수가 전전년도 개발행위허가 건수보다 20% 이상 증가한 지역을 대상으로 지정한다.

② 기반시설부담구역과 개발밀도관리구역은 중복하여 지정할 수 없으며, 개발밀도관리구역을 지정 또는 변경하려면 주민의 의견을 들어야 하며, 지방도시계획위원회의 심의를 거쳐 이를 고시하여야 한다.

③ 기반시설부담구역의 지정·고시일로부터 1년이 되는 날까지 기반시설설치계획을 수립하지 아니하면 그 1년이 되는 날에 기반시설부담구역의 지정은 해제된 것으로 본다.

④ 고등교육법에 따른 학교는 기반시설부담구역에 설치가 필요한 기반시설에 해당한다.

⑤ 기반시설설치비용은 현금, 신용카드 또는 직불카드로 납부하도록 하되, 부과대상 토지 및 이와 비슷한 토지로 하는 납부를 인정할 수 있다.

13. 도시개발법령상 도시개발구역을 지정한 후에 개발계획을 수립할 수 있는 경우가 아닌 것은?

① 해당 도시개발구역에 포함되는 주거지역이 전체 도시개발구역 지정 면적의 100분의 40인 지역을 도시개발구역으로 지정할 때

② 국토교통부장관이 지역균형발전을 위하여 관계 중앙행정기관의 장과 협의하여 상업지역에 도시개발구역을 지정할 때

③ 보전관리지역에 도시개발구역을 지정할 때

④ 생산녹지지역(개발구역면적의 100분의 30 이하인 경우)에 도시개발구역을 지정할 때

⑤ 개발계획을 공모하는 경우

14. 도시개발법령상 개발계획 및 도시개발구역 등에 관한 설명으로 옳은 것은?

① 도시개발조합은 특별자치도지사, 시장·군수 또는 구청장에게 도시개발구역의 지정을 제안할 수 있다.

② 취락지구에 도시개발구역이 지정·고시된 경우 그 도시개발구역은 도시지역과 지구단위계획구역으로 결정·고시된 것으로 본다.

③ 지정권자는 도시개발사업을 환지방식으로 시행하려고 개발계획을 수립하거나 변경할 때에 도시개발사업의 시행자가 국가인 경우에도 토지소유자의 동의를 받아야 한다.

④ 도시개발구역이 지정·고시된 날부터 3년이 되는 날까지 실시계획의 인가 신청이 없는 경우 3년이 되는 날에 해당 구역이 해제된 것으로 본다.

⑤ 도시개발구역의 지정이 해제된 것으로 보는 경우에는 원칙적으로 해당 도시개발구역 지정 전의 용도지역 또는 지구단위계획구역으로 환원 또는 폐지된 것으로 본다.

15. 도시개발법령상 그 권한자가 다른 것은?

① 도시개발구역의 지정과 개발계획의 수립권자

② 실시계획의 인가권자

③ 도시개발사업의 준공검사권자

④ 행정청이 아닌 시행자가 작성한 환지계획의 인가권자

⑤ 행정청이 아닌 시행자의 처분에 대한 행정심판의 상대방

16. 도시개발법령상 도시개발사업의 시행자 중 지정권자의 승인을 받아 자본시장과 금융투자업에 관한 법률에 따른 신탁업자와 신탁계약을 체결하여 도시개발사업을 시행하게 할 수 있는 자만을 모두 고른 것은?

> ㄱ. 도시개발구역의 토지소유자
> ㄴ. 한국관광공사법에 따른 한국관광공사
> ㄷ. 부동산투자회사법에 따라 설립된 자기관리부동산투자회사
> ㄹ. 수도권정비계획법에 따른 과밀억제권역에서 수도권 외의 지역으로 이전하는 법인
> ㅁ. 도시개발조합

① ㄱ   ② ㄱ, ㄴ
③ ㄴ, ㄷ, ㅁ   ④ ㄱ, ㄹ, ㅁ
⑤ ㄱ, ㄷ, ㄹ, ㅁ

17. 도시개발법령상 도시개발사업 시행시 토지 등의 수용·사용에 관한 설명으로 옳은 것은?

① 수용 또는 사용방식의 사업 시행시 지방공사인 시행자는 사업대상 토지면적의 3분의 2 이상 소유하고 토지 소유자 총수의 2분의 1 이상에 해당하는 자의 동의를 받아야 한다.

② 공익사업을 위한 토지 등의 취득 및 보상에 관한 법률을 준용함에 있어서 실시계획을 고시한 경우에는 사업인정 및 그 고시가 있었던 것으로 본다.

③ 시행자는 토지소유자가 원하는 경우에는 토지 등의 매수대금의 전부를 지급하기 위하여 기획재정부장관의 승인을 받아 사업시행으로 조성된 토지·건축물로 상환하는 채권을 발행할 수 있다.

④ 330m² 이하의 단독주택용지로 조성된 토지는 수의계약의 방법으로 분양할 수 있다.

⑤ 공공시행자에게 임대주택 건설용지를 공급하는 경우에는 해당 토지의 가격을 감정평가한 가격 이하로 정하여야 한다.

18. 도시개발법령상 환지계획·환지예정지와 환지처분 등에 관한 설명으로 옳은 것은?

① 토지소유자의 신청 또는 동의가 있는 때에는 해당 토지의 전부 또는 일부에 대하여 환지를 정하지 아니할 수 있다. 다만, 해당 토지에 관하여 임차권자 등이 있는 때에는 그 동의를 받아야 한다.

② 시행자는 도시개발사업의 원활한 시행을 위하여 특히 필요한 때에는 토지 또는 건축물소유자의 동의를 받아 입체환지를 할 수 있다.

③ 환지계획의 작성에 따른 환지계획의 기준, 보류지의 책정 기준 등에 관하여 필요한 사항은 국토교통부장관이 정한다.

④ 도시개발사업의 시행자는 체비지의 용도로 환지예정지가 지정된 때에는 도시개발사업에 소요되는 비용을 충당하기 위하여 이를 사용·수익·처분할 수는 있으며, 이미 처분된 체비지는 그 체비지를 매입한 자가 환지처분이 공고된 날의 다음 날에 그 소유권을 취득한다.

⑤ 환지를 정한 경우 그 과부족분에 대한 청산금은 환지처분을 하는 때에 확정하여야 하며, 환지처분이 공고된 날의 다음 날에 결정된다.

19. 도시 및 주거환경정비법령상의 용어정의 및 내용에 관한 설명으로 틀린 것은?

① 상업지역·공업지역 등에서 도시기능의 회복 및 상권활성화 등을 위하여 도시환경을 개선하기 위한 사업은 재개발사업이다.

② 정비기반시설은 열악하나 노후·불량건축물에 해당하는 공동주택이 밀집한 지역에서 주거환경을 개선하기 위한 사업은 재건축사업이다.

③ 도시미관을 저해하거나 노후화된 건축물로서 준공된 후 20년 이상 30년 이하의 범위에서 조례로 정하는 기간이 지난 건축물은 노후·불량건축물에 해당한다.

④ 공동이용시설은 주민이 공동으로 사용하는 놀이터, 마을회관, 공동작업장, 구판장, 세탁장, 탁아소, 어린이집, 경로당 등 노유자시설, 화장실 및 수도를 말한다.

⑤ 재건축사업에서 토지등소유자는 정비구역에 위치한 건축물 및 그 부속토지의 소유자이다.

20. 도시 및 주거환경정비법령상 도시·주거환경정비기본계획에 포함되어야 할 사항을 모두 고른 것은?

> ㄱ. 녹지·조경·에너지공급·폐기물처리 등에 관한 환경계획
> ㄴ. 사회복지시설 및 주민문화시설 등의 설치계획
> ㄷ. 건폐율·용적률 등에 관한 건축물의 밀도계획
> ㄹ. 주거지 관리계획

① ㄱ   ② ㄱ, ㄴ   ③ ㄷ, ㄹ
④ ㄴ, ㄷ, ㄹ   ⑤ ㄱ, ㄴ, ㄷ, ㄹ

21. 도시 및 주거환경정비법령상 정비구역에서의 행위 중 시장·군수 등의 허가를 받아야 하는 것을 모두 고른 것은? (단, 재해복구 또는 재난수습과 관련 없는 행위임)

> ㄱ. 경작을 위한 토지의 형질변경
> ㄴ. 이동이 용이하지 아니한 물건을 30일 이상 쌓아놓는 행위
> ㄷ. 토석의 채취
> ㄹ. 관상용 죽목의 경작지에서 임시식재

① ㄱ, ㄴ   ② ㄷ, ㄹ   ③ ㄱ, ㄴ, ㄷ
④ ㄴ, ㄷ, ㄹ   ⑤ ㄱ, ㄴ, ㄷ, ㄹ

22. 도시 및 주거환경정비법령상 조합이 정관의 기재사항을 변경하려고 할 때, 조합원 3분의 2 이상의 찬성을 받아야 하는 것을 모두 고른 것은?(단, 조례는 고려하지 않음)

> ㄱ. 조합의 명칭 및 사무소의 소재지
> ㄴ. 조합원의 자격
> ㄷ. 조합원의 제명·탈퇴 및 교체
> ㄹ. 정비사업비의 부담 시기 및 절차
> ㅁ. 조합의 비용부담 및 조합의 회계

① ㄱ, ㄴ, ㄷ   ② ㄱ, ㄹ, ㅁ   ③ ㄴ, ㄷ, ㄹ, ㅁ
④ ㄱ, ㄴ, ㄷ, ㅁ   ⑤ ㄱ, ㄴ, ㄷ, ㄹ, ㅁ

23. 도시 및 주거환경정비법령상 정비사업시행을 위한 조치 등에 관한 설명으로 옳은 것은?

① 사업시행자는 주거환경개선사업 및 재건축사업의 시행으로 철거되는 주택의 소유자 또는 세입자에 대하여 임대주택 등의 시설에 임시로 거주하게 하거나 주택자금의 융자알선 등 임시거주에 상응하는 조치를 하여야 한다.

② 지방자치단체는 사업시행자로부터 임시거주시설에 필요한 토지의 사용신청을 받은 때에는 제3자와 이미 매매계약을 체결한 경우에도 그 사용을 거절할 수 없다.

③ 주거환경개선사업에 따른 건축허가를 받는 때에는 주택도시기금법상의 국민주택채권 매입에 관한 규정을 적용하지 아니한다.

④ 재개발사업의 사업시행자는 사업시행으로 이주하는 상가소유자가 사용할 수 있도록 정비구역 또는 정비구역의 인근에 임시상가를 설치할 수 있다.

⑤ 주거환경개선사업이 환지방법으로 시행되는 경우에는 제2종전용주거지역으로 결정·고시된 것으로 본다.

24. 도시 및 주거환경정비법령상 관리처분계획에 따른 주택의 공급기준에 관한 설명으로 틀린 것은?

① 같은 세대에 속하지 아니하는 2인 이상이 1주택 또는 1토지를 공유한 경우에는 1주택을 공급한다.

② 2인 이상이 1토지를 공유한 경우로서 시·도 조례로 주택공급에 관하여 따로 정하고 있는 경우에는 시·도 조례가 정하는 바에 따라 주택을 공급할 수 있다.

③ 투기과열지구 또는 조정대상지역이 아닌 수도권정비계획법의 과밀억제권역에 위치하지 아니하는 재건축사업의 경우에는 1세대가 수개의 주택을 소유한 경우에는 소유한 주택의 수만큼 공급할 수 있다.

④ 투기과열지구 또는 조정대상지역이 아닌 수도권정비계획법의 과밀억제권역에 위치하는 재건축사업의 경우에는 1세대가 수개의 주택을 소유한 경우에는 소유한 주택의 수만큼 공급할 수 있다.

⑤ 재개발사업은 사업시행계획인가의 고시가 있는 날을 기준으로 한 가격 또는 종전 주택의 주거전용면적의 범위에서 2주택을 공급할 수 있고, 이 중 1주택은 주거전용면적을 60m² 이하로 한다.

25. 주택법령상 주택법령상 하나의 주택단지로 보아야 하는 것은?

① 폭 12m의 일반도로로 분리된 주택단지

② 폭 20m의 고속도로로 분리된 주택단지

③ 폭 10m의 도시계획예정도로로 분리된 주택단지

④ 폭 20m의 자동차전용도로로 분리된 주택단지

⑤ 보행자 및 자동차의 통행이 가능한 도로로서 도로법에 의한 지방도로 분리된 주택단지

26. 주택법령상 리모델링에 관한 설명으로 틀린 것은?

① 리모델링은 건축물의 노후화 억제 또는 기능향상을 위하여 대수선 또는 증축하는 행위이다.

② 「주택법」에 의한 공사완료일부터 15년이 지난 공동주택을 각 세대의 주거전용면적의 30% 이내에서 증축할 수 있다.

③ 세대의 주거전용면적이 85m² 미만인 경우 40% 이내에서 증축할 수 있다.

④ 각 세대의 증축가능 면적을 합산한 면적의 범위에서 기존 세대수의 15% 이내로 세대수를 증가할 수 있다.

⑤ 수직증축형 리모델링은 최대 3개층(기존 건축물의 층수가 14층 이하인 경우에는 2개층) 이하에서 증축할 수 있다.

27. 주택법령상 지역주택조합의 설립인가신청을 위하여 제출하여야 하는 서류에 해당하지 않는 것은?

① 조합장선출동의서

② 고용자가 확인하는 근무확인서

③ 조합원 전원이 자필로 연명한 조합규약

④ 조합원 자격이 있는 자임을 확인하는 서류

⑤ 창립총회 회의록

28. 주택법령상 사업계획승인에 관한 설명으로 틀린 것은?

① A도의 B군에서 대지면적이 5만m²인 대지조성사업을 시행하는 등록사업자는 B군수에게 사업계획의 승인을 받아야 한다.

② C광역시의 D구에서 대지면적이 5만m²인 대지조성사업을 시행하는 등록사업자는 D구청장에게 사업계획의 승인을 받아야 한다.

③ 공공사업에 따라 조성된 용지를 개별 필지로 구분하지 아니하고 일단의 토지로 공급받아 해당 토지에 건설하는 단독주택은 50호 이상으로 사업계획승인을 받아야 한다.

④ 주택건설사업을 하려는 자는 건축법 시행령에 따른 한옥인 경우 50호 이상으로 사업계획승인을 받아야 한다.

⑤ 세대별 주거전용 면적이 30m² 이상이고 해당 주택단지 진입도로의 폭이 6m 이상인 단지형 연립주택 또는 단지형 다세대주택인 경우에는 50세대 이상으로 사업계획승인을 받아야 한다.

29. 주택법령상 주택조합인 사업주체는 사업계획승인을 얻어 시행하는 주택건설사업에 의하여 건설된 주택 및 대지에 대하여 일정기간 동안 입주예정자의 동의 없이 저당권 설정 등을 제한하고 있다. 그 기간으로 옳은 것은?

① 사업계획승인 신청일 이후부터 입주예정자가 그 주택 및 대지의 소유권이전등기를 신청할 수 있는 날 이후 60일까지

② 입주자모집공고승인 신청일 이후부터 입주예정자가 그 주택 및 대지의 소유권이전등기를 신청할 수 있는 날 이후 6월까지

③ 입주자모집공고승인 신청일 이후부터 입주예정자가 그 주택 및 대지의 소유권이전등기를 신청할 수 있는 날 이후 60일까지

④ 사업계획승인 신청일 이후부터 입주예정자가 그 주택 및 대지의 소유권이전등기를 신청할 수 있는 날 이후 6월까지

⑤ 사업계획승인 신청일 이후부터 사업주체가 통보한 입주가능일까지

30. 주택법령의 내용에 관한 설명으로 옳은 것을 모두 고른 것은?

> ㄱ. 민영주택이란 민간택지에서 등록사업자가 건설한 주택을 말한다.
> ㄴ. 주택상환사채의 상환기간은 3년을 초과할 수 없다.
> ㄷ. 국가·지방자치단체·한국토지주택공사·지방공사가 행하는 리모델링에 대해 시장·군수 또는 구청장은 감리자를 지정하지 아니한다.
> ㄹ. 국가 또는 한국토지주택공사가 주택법령상 주택건설사업을 시행하는 경우 사용검사의 규정을 적용하지 아니한다.
> ㅁ. 등록사업자는 주택법령상 토지 등의 수용·사용권이 인정되지 않는다.

① ㄱ, ㄴ
② ㄱ, ㄴ, ㄹ
③ ㄴ, ㄷ, ㅁ
④ ㄴ, ㄷ, ㄹ, ㅁ
⑤ ㄱ, ㄴ, ㄷ, ㄹ, ㅁ

31. 주택법령상 주택의 전매행위 제한을 받는 주택임에도 불구하고 전매가 허용되는 경우에 해당하는 것은?(단, 다른 요건은 충족한 것으로 함)

① 질병치료·취학·결혼으로 세대원 전원이 서울특별시로 이전하는 경우
② 상속에 의하여 취득한 주택으로 이전하면서 세대주를 제외한 나머지 세대원은 다른 새로운 주택으로 이전하는 경우
③ 실직·파산 또는 신용불량으로 경제적 어려움이 발생한 경우
④ 세대원 전원이 1년 6개월간 해외에 체류하고자 하는 경우
⑤ 입주자로 선정된 지위 또는 주택의 전부를 그 배우자에게 증여하는 경우

32. 건축법령상 용어정의 및 적용에 관한 설명으로 틀린 것은?

① 리모델링은 건축물의 노후화 억제 또는 기능향상 등을 위하여 대수선하거나 일부 증축 또는 개축하는 행위를 말한다.
② 층수가 25층이며, 높이가 120m인 건축물은 고층건축물에 해당한다.
③ 관광휴게시설로 사용하는 바닥면적의 합계가 3천m²인 16층의 어린이회관은 다중이용건축물이다.
④ 문화재보호법에 따른 지정문화재나 임시지정문화재는 건축신고의 규정이 적용되지 아니한다.
⑤ 지구단위계획구역이 아닌 농림지역으로서 동이나 읍이 아닌 지역에서는 건축법상 건폐율의 규정이 적용되지 아니한다.

33. 건축법령상 건축물의 구조 및 재료 등에 관한 설명으로 틀린 것은?

① 건축물은 고정하중, 적재하중, 적설하중, 풍압, 지진, 그 밖의 진동 및 충격 등에 대하여 안전한 구조를 가져야 한다.
② 연면적이 200제곱미터인 목구조 건축물을 건축하고자 하는 자는 사용승인을 받는 즉시 내진능력을 공개하여야 한다.
③ 국토교통부장관은 지진으로부터 건축물의 구조 안전을 확보하기 위하여 건축물의 용도, 규모 및 설계구조의 중요도에 따라 내진등급을 설정하여야 한다.
④ 지방자치단체의 장은 구조 안전 확인 대상 건축물에 대하여 건축허가를 하는 경우 내진성능 확보 여부를 확인하여야 한다.
⑤ 국가 또는 지방자치단체는 건축물의 소유자나 관리자에게 피난시설 등의 설치, 개량·보수 등 유지·관리에 대한 기술지원을 할 수 있다.

34. 건축법령상 건축허가 등에 관한 설명으로 옳은 것은?

① 사전결정신청자는 사전결정을 통지받은 날부터 1년 이내에 건축허가를 신청하지 아니하는 경우에는 사전결정의 효력이 상실된다.
② 광역시에서 연면적 합계 10만m² 이상인 공장, 창고의 건축허가권자는 광역시장이다.
③ 허가권자는 건축허가를 받은 자가 그 허가를 받은 날부터 2년 이내에 공사를 착수하지 않거나 공사를 착수하였으나 공사의 완료가 불가능하다고 인정하는 경우에는 허가를 취소할 수 있다.
④ 특별시장·광역시장·도지사는 주무부장관이 국방·문화재보전·환경보전 또는 국민 경제상 특히 필요하다고 인정하여 요청하는 경우에는 허가권자의 건축허가를 제한할 수 있다.
⑤ 허가권자는 위락시설이나 숙박시설에 해당하는 건축물의 건축을 허가하는 경우 해당 대지에 건축하고자 하는 건축물의 용도·규모 또는 형태가 주거환경이나 교육환경 등을 고려할 때 부적합하다고 인정되는 경우 건축위원회의 심의를 거쳐 건축허가를 하지 아니할 수 있다.

35. 건축법령상 건축물의 대지와 도로에 관한 설명으로 옳은 것은?

① 공개공지의 면적은 대지면적의 100분의 20 이하의 범위에서 건축조례로 정한다.
② 건축물의 대지는 4m 이상이 보행과 자동차의 통행이 가능한 도로에 접하여야 한다.
③ 도시·군계획시설에서 건축하는 가설건축물의 경우에는 대지에 대한 조경의무가 있다.
④ 위락시설로서 그 바닥면적의 합계가 5천m² 이상인 건축물의 경우에는 공개공지 등을 설치하여야 한다.
⑤ 건축물의 지표 아래 부분은 건축선의 수직면을 넘을 수 있다.

36. 건축법령상 건축물의 면적 등의 산정방법에 관한 설명으로 옳은 것은?

① 건축물의 1층이 차량의 주차에 전용(專用)되는 필로티인 경우 그 면적은 바닥면적에 산입한다.

② 바닥면적은 원칙적으로 건축물의 외벽의 중심선으로 둘러싸인 부분의 수평투영면적으로 한다.

③ 건축물 지상층에 일반인이나 차량이 통행할 수 있도록 설치한 보행통로나 차량통로 및 지하주차장의 경사로는 건축면적에 산입하지 아니한다.

④ 연면적은 하나의 건축물의 각 층(지하층을 포함한다)의 건축면적의 합계로 한다.

⑤ 건축물의 노대 등의 바닥은 난간 등의 설치 여부에 관계없이 노대 등의 면적에서 노대 등이 접한 가장 긴 외벽에 접한 길이에 1.2m를 곱한 값을 제외한 면적을 바닥면적에 산입한다.

37. 건축법령의 내용에 관한 설명으로 옳은 것은 몇 개인가?

> ㄱ. 지하층은 건축물의 바닥이 지표면 아래에 있는 층으로서 그 바닥으로부터 지표면까지 평균높이가 해당 층 높이의 1/3 이상이 되는 것을 말한다.
> ㄴ. 지하층의 바닥면적은 용적률을 산정할 때에는 연면적에서 제외한다.
> ㄷ. 지상층의 주차용(해당 건축물의 부속용도인 경우에 한한다)으로 사용되는 면적은 용적률을 산정할 때에는 연면적에서 제외한다.
> ㄹ. 지하층은 건축물의 층수에 산입하지 아니한다.
> ㅁ. 층의 구분이 명확하지 아니한 건축물은 당해 건축물의 높이 4m마다 하나의 층으로 산정한다.
> ㅂ. 건축물이 부분에 따라 층수를 달리하는 경우에 그 층수는 가중평균 층수로 산정한다.

① 2개 　② 3개 　③ 4개 　④ 5개 　⑤ 6개

38. 건축법령상 이행강제금에 관한 설명으로 틀린 것은?

① 허가권자는 시정명령 이행기간 내에 시정명령을 이행하지 아니한 경우 1년에 2회 이내 이행강제금을 부과할 수 있다.

② 허가권자는 영리목적을 위한 위반이나 상습적 위반 등 대통령령으로 정하는 경우에 이행강제금 부과금액을 100분의 100의 범위에서 가중할 수 있다.

③ 연면적 60m² 이하의 주거용 건축물에 대하여는 이행강제금을 1/2 범위에서 해당 지방자치단체의 조례로 정하는 금액을 부과한다.

④ 허가대상 건축물을 허가받지 아니하고 건축하여 벌금이 부과된 자에게는 이행강제금을 부과할 수 있다.

⑤ 허가권자는 시정명령을 받은 자가 시정명령을 이행하는 경우에는 새로운 이행강제금의 부과를 즉시 중지하되, 이미 부과된 이행강제금은 이를 징수하여야 한다.

39. 농지법령상 농지의 소유상한에 관한 설명 중 틀린 것은?

① 농업인은 농업경영목적으로 농업진흥지역 밖의 농지를 세대당 50,000m²까지 소유할 수 있다.

② 농업법인은 농업경영목적으로 농업진흥지역 안의 농지를 제한 없이 소유할 수 있다.

③ 8년 이상 농업경영을 한 후 이농한 자는 이농 당시 소유농지 중에서 10,000m² 이내까지 소유할 수 있다.

④ 주말·체험영농을 하고자 하는 자는 세대당 1,000m² 미만의 농업진흥지역 외의 농지를 소유할 수 있다.

⑤ 상속에 의하여 농지를 취득한 후 농업경영을 하지 아니한 자는 상속농지 중에서 10,000m² 이내까지 소유할 수 있다.

40. 농지법령상 농업진흥지역에 관한 설명으로 옳은 것은?

① 농림축산식품부장관은 농지를 효율적으로 이용하고 보전하기 위하여 농업진흥지역을 지정한다.

② 광역시의 녹지지역은 농업진흥지역의 지정대상이 아니다.

③ 농업진흥구역은 농업보호구역의 용수원 확보, 수질보전 등 농업환경을 보호하기 위하여 필요한 지역에 대하여 지정할 수 있다.

④ 농어촌 발전에 필요한 시설로서 부지의 총면적이 3천m² 미만인 농업기계수리시설은 농업진흥구역에 설치할 수 있다.

⑤ 1필지의 토지가 농업진흥구역과 농업보호구역에 걸치는 경우에는 행위제한을 적용함에 있어서 농업진흥구역의 규정을 적용한다.

2023년도 제34회 시험대비 THE LAST 모의고사
최성진 부동산공법

회차	문제수	시험과목
2회	40	부동산공법

수험번호		성명	

【수험자 유의사항】

1. 시험문제지의 **총면수, 문제번호, 일련순서, 인쇄상태** 등을 확인하시고, 문제지 표지에 수험번호와 성명을 기재하시기 바랍니다.

2. 답은 각 문제마다 요구하는 **가장 적합하거나 가까운 답 1개**만 선택하고, 답안카드 작성 시 시험문제지 **마킹착오**로 인한 불이익은 전적으로 **수험자에게 책임**이 있음을 알려드립니다.

3. 답안카드는 국가전문자격 공통 표준형으로 문제번호가 1번부터 125번까지 인쇄되어 있습니다. 답안 마킹 시에는 반드시 **시험문제지의 문제번호와 동일한 번호**에 마킹하여야 합니다.

4. **감독위원의 지시에 불응하거나 시험시간 종료 후 답안카드를 제출하지 않을 경우** 불이익이 발생할 수 있음을 알려드립니다.

5. 시험문제지는 시험 종료 후 가져가시기 바랍니다.

6. 답안작성은 **시험시행일 현재 시행되는 법령** 등을 적용하시기 바랍니다.

7. 가답안 의견제시에 대한 개별회신 및 공고는 하지 않으며, **최종 정답 발표로 갈음**합니다.

8. 시험 중 **중간 퇴실은 불가**합니다. 단, 부득이하게 퇴실할 경우 **시험 포기각서 제출 후 퇴실은 가능**하나 **재입실이 불가**하며, **해당시험은 무효처리**됩니다.

박문각은 여러분의 제34회 공인중개사 시험 합격을 진심으로 응원합니다!

합격까지

1. 국토의 계획 및 이용에 관한 법령상 광역도시계획 및 도시·군기본계획에 관한 설명으로 옳은 것은?

① 광역도시계획과 도시·군기본계획은 특별시·광역시·특별자치시·특별자치도·시 또는 군의 관할 구역에서 수립한다.

② 광역도시계획과 도시·군기본계획의 수립권자는 동일하다.

③ 광역도시계획과 도시·군기본계획을 수립하는 경우에는 기초조사의 내용에 토지적성평가와 재해취약성분석을 포함하여야 한다.

④ 광역도시계획과 도시·군기본계획을 수립한 후 5년마다 타당성 여부를 재검토하여 정비하여야 한다.

⑤ 광역도시계획과 도시·군기본계획의 수립기준 등은 대통령령이 정하는 바에 따라 국토교통부장관이 정한다.

2. 중앙행정기관의 장이나 지방자치단체의 장은 다른 법률에 따라 지정되는 구역 등 중 면적이 1km² 이상인 경우 구역 등을 지정하거나 변경하려면 중앙행정기관의 장은 국토교통부장관과 협의하여야 하며, 지방자치단체의 장은 국토교통부장관의 승인을 받아야 하는 것은?(단, 보전관리지역·생산관리지역·농림지역 또는 자연환경보전지역에 '구역 등'이 지정되는 경우로 함)

① 「산지관리법」에 따른 보전산지의 지정

② 「자연환경보전법」에 따른 생태·경관보전지역

③ 「수도법」에 따른 상수원보호구역의 지정

④ 「야생생물 보호 및 관리에 관한 법률」에 따른 야생생물특별보호구역의 지정

⑤ 「한강수계 상수원수질개선 및 주민지원 등에 관한 법률」에 따른 수변구역의 지정

3. 국토의 계획 및 이용에 관한 법령상 용도지역의 지정목적에 관한 설명으로 <u>틀린</u> 것은?

① 보전녹지지역은 도시의 녹지공간의 확보를 위하여 보전할 필요가 있는 지역으로서 불가피한 경우에 한하여 제한적인 개발이 허용되는 지역이다.

② 제2종 전용주거지역은 공동주택 중심의 양호한 주거환경을 보호하기 위하여 필요한 지역이다.

③ 제3종 일반주거지역은 중·고층주택 중심의 편리한 주거환경을 조성하기 위하여 필요한 지역이다.

④ 일반공업지역은 환경을 저해하지 아니하는 공업의 배치를 위하여 필요한 지역이다.

⑤ 근린상업지역은 근린지역에서의 일용품 및 서비스의 공급을 위하여 필요한 지역이다.

4. 국토의 계획 및 이용에 관한 법령상 아파트를 건축할 수 있는 용도지역은?

① 계획관리지역

② 일반공업지역

③ 제2종 전용주거지역

④ 제1종 일반주거지역

⑤ 유통상업지역

5. 국토의 계획 및 이용에 관한 법령상 용도지구 중 대통령령에 의하여 세분할 수 <u>없는</u> 용도지구는?

① 고도지구   ② 경관지구   ③ 보호지구

④ 취락지구   ⑤ 개발진흥지구

6. 국토의 계획 및 이용에 관한 법령상 지구단위계획구역 등에 대한 설명으로 <u>틀린</u> 것은?

① 시장 또는 군수가 입안한 지구단위계획구역의 지정·변경에 관한 도시·군관리계획은 시장 또는 군수가 직접 결정한다.

② 「택지개발촉진법」상 택지개발지구의 전부에도 지구단위계획구역으로 지정할 수 있다.

③ 자연녹지지역에서 준주거지역으로 변경되는 지역으로 면적이 300,000m² 이상인 경우 지구단위계획구역을 지정하여야 한다.

④ 지구단위계획이 수립되어 있는 지구단위계획구역에서 공사기간 중 이용하는 공사용 가설건축물을 건축하려면 그 지구단위계획에 맞게 하여야 한다.

⑤ 지구단위계획에 맞지 아니하게 건축물을 건축하거나 용도변경을 한 자는 2년 이하의 징역 또는 2천만원 이하의 벌금에 처한다.

7. 국토의 계획 및 이용에 관한 법률은 중앙도시계획위원회와 지방도시계획위원회의 심의를 거치지 아니하고 개발행위의 허가를 하는 경우를 규정하고 있다. 이에 해당하는 개발행위를 모두 고른 것은?

> ㄱ. 다른 법률에 따라 도시계획위원회의 심의를 받는 구역에서 하는 개발행위
> ㄴ. 「산림자원의 조성 및 관리에 관한 법률」에 따른 산림사업을 위한 개발행위
> ㄷ. 「사방사업법」에 따른 사방사업을 위한 개발행위

① ㄱ   ② ㄴ   ③ ㄱ, ㄷ

④ ㄴ, ㄷ   ⑤ ㄱ, ㄴ, ㄷ

8. 국토의 계획 및 이용에 관한 법령상 기반시설 중 공공·문화체육시설에 해당하지 않는 것은?

① 방송·통신시설　　　② 사회복지시설
③ 공공직업훈련시설　　④ 연구시설
⑤ 청소년수련시설

9. 국토의 계획 및 이용에 관한 법령상 개발행위에 따른 공공시설 등의 귀속에 관한 설명으로 틀린 것은?

① 개발행위허가를 받은 자가 행정청인 경우 개발행위허가를 받은 자가 새로 공공시설을 설치한 경우 새로 설치된 공공시설은 그 시설을 관리할 관리청에 무상으로 귀속된다.

② 개발행위허가를 받은 자가 행정청인 경우 개발행위허가를 받은 자가 기존의 공공시설에 대체되는 공공시설을 설치한 경우 종래의 공공시설은 개발행위허가를 받은 자에게 무상으로 귀속된다.

③ 개발행위허가를 받은 자가 행정청이 아닌 경우 개발행위로 용도가 폐지되는 공공시설은 개발행위허가를 받은 자에게 무상으로 귀속된다.

④ 개발행위허가를 받은 자가 행정청이 아닌 경우 개발행위허가를 받은 자가 새로 설치한 공공시설은 그 시설을 관리할 관리청에 무상으로 귀속된다.

⑤ 특별시장·광역시장·특별자치시장·특별자치도지사·시장 또는 군수는 공공시설의 귀속에 관한 사항이 포함된 개발행위허가를 하려면 미리 관리청의 의견을 들어야 한다.

10. 국토의 계획 및 이용에 관한 법령상 국토교통부장관이 도시·군관리계획의 수립기준을 정할 때 고려하여야 하는 사항이 아닌 것은?

① 공간구조는 생활권단위로 적정하게 구분하고 생활권별로 생활·편익시설이 고루 갖추어지도록 할 것

② 녹지축·생태계·산림·경관 등 양호한 자연환경과 우량농지, 문화재 및 역사문화환경 등을 고려하여 토지이용계획을 수립하도록 할 것

③ 도시지역 등에 위치한 개발가능토지는 단계별로 시차를 두어 개발되도록 할 것

④ 도시의 개발 또는 기반시설의 설치 등이 환경에 미치는 영향을 미리 검토하는 등 계획과 환경의 유기적 연관성을 높여 건전하고 지속가능한 도시발전을 도모하도록 할 것

⑤ 수도권 안의 인구집중유발시설이 수도권 외의 지역으로 이전하는 경우 종전의 대지에 대하여는 그 시설의 지방이전이 촉진될 수 있도록 토지이용계획을 수립하도록 할 것

11. 국토의 계획 및 이용에 관한 법령상 기반시설부담구역에 설치가 필요한 기반시설에 해당하지 않는 것은?(단, 조례는 고려하지 않음)

① 도로(인근의 간선도로로부터 기반시설부담구역까지의 진입도로를 포함)

② 공원

③ 수도(인근의 수도로부터 기반시설부담구역까지 연결하는 수도를 포함)

④ 학교(「고등교육법」에 따른 학교를 포함)

⑤ 하수도(인근의 하수도로부터 기반시설부담구역까지 연결하는 하수도를 포함)

12. 국토의 계획 및 이용에 관한 법령상 도시·군계획시설부지의 매수청구 등에 관한 설명 중 괄호 안에 들어갈 숫자로 옳은 것은?

• 도시·군계획시설결정의 고시일부터 (ㄱ) 이내에 도시·군계획시설사업이 시행되지 아니하는 경우로 지목이 대(垈)인 토지(건축물·정착물은 포함)의 소유자는 당해 토지의 매수를 청구할 수 있다.
• 매수의무자는 매수청구가 있은 날부터 (ㄴ) 이내에 매수여부를 결정하여 통지하여야 한다.
• 도시·군계획시설채권의 상환기간은 (ㄷ) 이내에서 조례로 정한다.
• 도시·군계획시설결정이 고시된 도시·군계획시설에 대하여 그 고시일부터 (ㄹ)이 지날 때까지 그 시설의 설치에 관한 도시·군계획시설사업이 시행되지 아니하는 경우 그 도시·군계획시설결정은 그 고시일부터 (ㄹ)이 되는 날의 다음 날에 그 효력을 잃는다.

① ㄱ : 5년, ㄴ : 3개월, ㄷ : 5년, ㄹ : 10년
② ㄱ : 5년, ㄴ : 6개월, ㄷ : 10년, ㄹ : 10년
③ ㄱ : 10년, ㄴ : 6개월, ㄷ : 5년, ㄹ : 20년
④ ㄱ : 10년, ㄴ : 6개월, ㄷ : 10년, ㄹ : 20년
⑤ ㄱ : 20년, ㄴ : 6개월, ㄷ : 10년, ㄹ : 30년

13. 도시개발법령상 도시개발구역으로 지정할 수 있는 대상 지역 및 규모에 관하여 ( )에 들어갈 숫자를 바르게 나열한 것은?

> - 주거지역 및 상업지역 : (ㄱ)만 제곱미터 이상
> - 공업지역 : (ㄴ)만 제곱미터 이상
> - 자연녹지지역 : (ㄷ)만 제곱미터 이상
> - 도시개발구역 지정면적의 100분의 30 이하인 생산녹지 지역 : (ㄹ)만 제곱미터 이상

① ㄱ : 1, ㄴ : 1, ㄷ : 1, ㄹ : 3
② ㄱ : 1, ㄴ : 3, ㄷ : 1, ㄹ : 1
③ ㄱ : 1, ㄴ : 3, ㄷ : 3, ㄹ : 1
④ ㄱ : 3, ㄴ : 1, ㄷ : 3, ㄹ : 3
⑤ ㄱ : 3, ㄴ : 3, ㄷ : 1, ㄹ : 1

14. 도시개발법령상 도시개발구역의 지정 등과 관련된 설명 으로 틀린 것은?

① 지정권자인 시·도지사 또는 대도시 시장은 관계 행정기관의 장과 협의하여 도시개발구역을 지정하되, 도시개발구역의 면적 이 100만㎡ 이상인 경우 국토교통부장관과 협의하여야 한다.
② 도시개발사업을 시행하고자 하는 구역의 면적이 100만㎡ 이상 인 경우에는 공람기간의 만료 후에 공청회를 개최하여야 한다.
③ 취락지구가 지정된 토지에 도시개발구역이 지정·고시된 경우 해당 도시개발구역은 이 법에 따라 도시지역과 지구단위계획구 역으로 결정·고시된 것으로 보지 아니한다.
④ 도시개발구역에서는 건축물의 건축·용도변경의 행위를 하려 는 자는 특별시장·광역시장·특별자치도지사·시장 또는 군 수의 허가를 받아야 한다.
⑤ 계획관리지역에서 도시개발구역의 면적 330만㎡ 이상인 경우 에는 도시개발구역이 지정·고시된 날로부터 5년이 되는 날까 지 개발계획을 수립·고시하지 아니하는 경우에는 그 5년이 되 는 날의 다음 날에 도시개발구역의 지정이 해제된 것으로 본다.

15. 도시개발법령상 도시개발사업의 계획(이하 '개발계획'이 라 함)에 관한 설명으로 옳은 것을 모두 고른 것은?

> ㄱ. 개발계획은 도시개발구역의 지정권자가 수립하거나 변경한다.
> ㄴ. 보전관리지역에서는 도시개발구역을 지정한 후에 개 발계획을 수립할 수 있다.
> ㄷ. 수용 또는 사용방식의 도시개발사업에 대한 개발계획 을 수립하려면 토지면적의 3분의 2 이상의 토지소유 자와 그 지역의 토지소유자 총수의 2분의 1 이상의 토 지소유자의 동의를 받아야 한다.
> ㄹ. 개발계획에는 보건의료시설 및 복지시설의 설치계 획·설계도서·자금계획·지구단위계획 등의 내용이 포함되어야 한다.

① ㄱ, ㄴ   ② ㄱ, ㄷ   ③ ㄴ, ㄷ
④ ㄴ, ㄹ   ⑤ ㄷ, ㄹ

16. 도시개발법령상 도시개발사업의 시행자에 관한 설명으로 틀린 것은?

① 전부 환지방식에서 토지소유자나 도시개발조합이 개발계획의 수립·고시일부터 1년 이내에 시행자 지정신청을 하지 아니하 는 경우 '지방자치단체 등'을 시행자로 지정할 수 있다.
② 도시개발사업에 관한 실시계획의 인가를 받은 후 2년 이내에 사업을 착수하지 아니하는 경우 시행자를 변경할 수 있다.
③ 도시개발조합을 설립하려면 도시개발구역의 토지소유자 7명 이상이 정관을 작성하여 지정권자에게 조합설립의 인가를 받아 야 한다.
④ 조합 설립인가에 동의한 자로부터 토지를 취득한 자는 조합 설 립인가 신청 후에도 동의를 철회할 수 있다.
⑤ 도시개발조합은 의결권을 가진 조합원의 수가 50인 이상인 조 합은 총회의 권한을 대행하기 위하여 대의원회를 둘 수 있다.

17. 도시개발법령상 시행자는 원형지를 공급하기 위하여 지 정권자에게 승인 신청을 할 때에는 원형지의 공급 계획을 작성하여 지정권자에게 제출하여야 하는 첨부서류이다. 다음 중 틀린 것은?

① 공급대상 토지의 위치·면적 및 공급목적
② 원형지개발자에 관한 사항
③ 세입자 등을 위한 임대주택 건설용지의 공급
④ 예상 공급가격 및 주요 계약조건
⑤ 원형지 인구수용계획, 토지이용계획, 교통처리계획, 환경보전 계획, 주요 기반시설의 설치계획

18. 도시개발법령상 환지방식에 의한 도시개발사업의 내용에 관한 설명으로 **틀린** 것은?

① 시행자는 지정권자에 의한 준공검사를 받은 때에는 60일 이내에 환지처분을 하여야 한다.

② 환지계획의 작성에 따른 환지계획의 기준, 보류지의 책정 기준 등에 관하여 필요한 사항은 국토교통부령으로 정할 수 있다.

③ 행정청이 아닌 시행자가 인가받은 환지계획의 내용 중 종전 토지의 합필 또는 분필로 환지명세가 변경되는 경우에는 변경인가를 받지 아니한다.

④ 종전의 토지에 대한 저당권은 환지처분의 공고가 있는 날의 다음 날부터 해당 건축물의 일부와 토지의 공유지분에 존재하는 것으로 본다.

⑤ 환지방식이 적용되는 도시개발구역 안의 조성토지 등의 가격을 평가하고자 할 때에는 토지평가협의회의 심의를 거쳐 결정하며, 심의 후 감정평가업자 등에게 평가하게 하여야 한다.

19. 도시 및 주거환경정비법령상 용어의 정의에 관한 설명으로 옳은 것은?

① 상업지역·공업지역 등으로서 토지의 효율적 이용과 도심 또는 부도심 등 도시기능의 회복 및 상권활성화 등이 필요한 지역에서 도시환경을 개선하기 위한 사업은 주거환경개선사업에 해당한다.

② '정비기반시설'이란 놀이터·마을회관·공동작업장 등 대통령령이 정하는 시설을 말한다.

③ 준공 후 기준으로 20년까지 사용하기 위하여 보수·보강하는 비용이 철거 후 새로 건축물을 건설하는 비용보다 클 것으로 예상되는 건축물은 노후·불량건축물의 요건에 해당한다.

④ '토지주택공사 등'이란 국가, 지방자치단체 또는 한국토지주택공사를 말한다.

⑤ '대지'란 정비사업에 의하여 조성된 토지를 말한다.

20. 도시 및 주거환경정비법령상 도시·주거환경정비기본계획(이하 '기본계획'이라 함)의 수립에 관한 설명으로 옳은 것은?

① 특별시장·광역시장·특별자치시장·특별자치도지사·시장 또는 군수는 기본계획은 10년 단위로 수립하며, 5년마다 그 타당성 여부를 검토하여야 한다.

② 기본계획의 수립권자는 기본계획을 수립하려는 경우에는 14일 이상 주민에게 공람하여 주민설명회를 개최하여야 하며, 제시된 의견이 타당하다고 인정되면 이를 기본계획에 반영하여야 한다.

③ 건폐율·용적률 등에 관한 건축물의 밀도계획은 기본계획에 포함되어야 하며, 시장은 기본계획을 수립하거나 변경한 때에는 도지사에게 보고하여야 한다.

④ 도지사가 기본계획을 수립할 필요가 없다고 인정하는 대도시가 아닌 시는 기본계획을 수립하지 아니할 수 있다.

⑤ 건폐율 및 용적률의 각 20% 미만의 변경인 경우에는 주민공람과 지방의회의 의견청취를 하여야 한다.

21. 도시 및 주거환경정비법령상 재건축사업에 관한 설명으로 **틀린** 것은?

① 재건축사업의 토지등소유자는 정비구역 안의 건축물 및 그 부속토지의 소유자를 말한다.

② 주택단지 안의 재건축사업은 정비구역 지정고시일 현재 토지등소유자 3분의 2 이상의 동의와 세입자 세대수 과반수의 동의를 얻어 조합을 설립하여야 한다.

③ 투기과열지구에서 재건축사업을 위한 조합설립인가 후 해당 정비사업의 건축물 또는 토지를 양수한 자는 조합원이 될 수 없다.

④ 정비계획 입안권자는 재건축사업 정비계획의 수립시기가 도래한 경우 안전진단을 실시하여야 한다.

⑤ 재건축사업의 조합원은 정비구역 안의 토지등소유자로 사업에 동의한 자가 조합원이 된다.

22. 도시 및 주거환경정비법령상 시장·군수 등이 직접 정비사업을 시행하거나 토지주택공사 등을 사업시행자로 지정하여 정비사업을 시행하게 할 수 있는 경우에 해당하지 않는 것은?

① 천재지변으로 긴급하게 정비사업을 시행할 필요가 있다고 인정하는 때

② 지방자치단체의 장이 시행하는 「국토의 계획 및 이용에 관한 법률」에 따른 도시·군계획사업과 병행하여 정비사업을 시행할 필요가 있다고 인정하는 때

③ 조합설립추진위원회가 시장·군수 등의 구성승인을 받은 날부터 3년 이내에 조합설립 인가를 신청하지 아니한 때

④ 재건축조합이 사업시행 예정일부터 2년 이내에 사업시행계획인가를 신청하지 아니한 때

⑤ 해당 정비구역의 국·공유지 면적 또는 국·공유지와 토지주택공사 등이 소유한 토지를 합한 면적이 전체 토지면적의 2분의 1 이상으로서 토지등소유자의 과반수가 시장·군수 등 또는 토지주택공사 등을 사업시행자로 지정하는 것에 동의하는 때

23. 도시 및 주거환경정비법령상 정비사업의 시행에 관한 설명으로 틀린 것은?

① 재개발사업의 시행자는 사업시행으로 이주하는 상가세입자가 사용할 수 있도록 정비구역 또는 정비구역 인근에 임시상가를 설치할 수 있다.

② 재개발사업의 경우 사업시행계획인가 고시가 있는 때에는 「공익사업을 위한 토지 등의 취득 및 보상에 관한 법률」에 의한 사업인정 및 그 고시가 있는 것으로 본다.

③ 정비사업을 위한 동의는 서면동의서에 토지등소유자가 성명을 적고 지장을 날인하는 방법으로 하며, 신분증 사본을 첨부하여야 한다.

④ 시장·군수 등은 재개발사업의 사업시행계획인가를 하려는 경우 해당 정비사업의 사업시행자가 지정개발자인 때에는 정비사업비의 100분의 20의 범위에서 시·도조례로 정하는 금액을 예치하게 할 수 있다.

⑤ 시행자는 재건축사업의 시행으로 철거되는 주택의 소유자 또는 세입자에 대하여 주택자금의 융자알선 등 임시거주에 상응하는 조치를 하여야 한다.

24. 도시 및 주거환경정비법령에 정비사업전문관리업자는 동일한 정비사업에 대하여 업무를 병행하여 수행할 수 없는 것에 관한 설명으로 틀린 것은?

① 정비사업의 회계감사　② 정비사업의 시공

③ 정비사업의 설계　④ 정비사업의 대행

⑤ 건축물의 철거

25. 주택법령상 용어의 정의에 따를 때 '주택'에 해당하지 않는 것을 모두 고른 것은?

ㄱ. 3층의 다가구주택	ㄴ. 2층의 공관
ㄷ. 4층의 다세대주택	ㄹ. 3층의 기숙사
ㅁ. 5층의 다중생활시설	

① ㄱ, ㄴ, ㄷ　② ㄱ, ㄹ, ㅁ　③ ㄴ, ㄷ, ㄹ
④ ㄷ, ㄹ, ㅁ　⑤ ㄴ, ㄹ, ㅁ

26. 주택법령상 주택공급과 관련하여 금지되는 공급질서 교란행위에 해당하지 않는 것은?

① 주택을 공급받을 수 있는 조합원 지위의 증여

② 주택상환사채의 저당

③ 주택을 공급받을 수 있는 조합원 지위의 매매를 위한 인터넷 광고

④ 주택상환사채의 매입을 목적으로 하는 전화 광고

⑤ 입주자저축 증서의 증여

27. 주택법령상 국토교통부장관에게 사업계획승인을 받아야 하는 대상으로 틀린 것은?

① 국가가 주택건설사업을 시행하는 경우

② 한국토지주택공사가 주택건설사업을 시행하는 경우

③ 100만㎡ 이상 규모로 「택지개발촉진법」에 의한 택지개발사업을 하는 지역으로 국토교통부장관이 정하는 지역 에서 주택건설사업을 시행하는 경우

④ 광역시 지역의 긴급한 주택난 해소가 필요한 지역에서 주택건설사업을 시행하는 경우

⑤ 국가와 지방자치단체가 공동으로 100분의 50을 초과하여 출자한 부동산투자회사가 공공주택건설사업을 시행하는 경우

28. 주택법령상 사업주체가 수도권정비계획법에 따른 수도권에서 건설·공급하는 분양가상한제 적용주택의 입주자의 거주의무에 관한 설명으로 틀린 것은?

① 해당 주택을 상속받은 자에 대해서는 거주의무가 없다.

② 거주의무자는 거주의무기간 동안 계속하여 거주하여야 함을 소유권에 관한 등기에 부기등기하여야 한다.

③ 해당 주택에 입주하기 위하여 준비기간이 필요한 경우 해당 주택에 거주한 것으로 보는 기간은 최초 입주가능일부터 90일까지로 한다.

④ 해당 주택이 공공택지에서 건설·공급되는 주택인 경우 거주의무기간은 2년이다.

⑤ 거주의무 위반을 이유로 한국토지주택공사가 취득한 주택을 공급받은 사람은 거주의무기간 중 잔여기간 동안 계속하여 그 주택에 거주하여야 한다.

29. 주택을 마련하기 위한 목적으로 설립된 A지역주택조합은 공개모집의 방법으로 조합원 甲 등을 모집하여 관할 시장에게 설립인가를 신청하였다. 주택법령상 이에 관한 설명으로 옳은 것은?

① 10억원 이상의 자산평가액을 보유한 「공인중개사법」에 따른 개인 중개업자는 A지역주택조합의 조합설립인가 신청을 대행할 수 없다.

② 관할 시장의 설립인가가 있은 이후에는 甲은 조합을 탈퇴할 수 없다.

③ 공개모집 이후 甲이 조합원의 자격을 상실하여 충원하는 경우 A지역주택조합은 관할시장에게 신고하지 아니하고 선착순의 방법으로 조합원을 모집할 수 있다.

④ A지역주택조합은 조합원 모집에 관하여 설명한 내용을 조합 가입 신청자가 이해하였음을 서면으로 확인받아 가입 신청자에게 교부하고, 그 사본을 3년간 보관하여야 한다.

⑤ 甲의 사망으로 A지역주택조합이 조합원을 충원하는 경우, 충원되는 자가 조합원 자격요건을 갖추었는지는 A지역주택조합의 설립인가일을 기준으로 판단한다.

30. B가 사업주체로서 건설·공급한 주택에 대한 사용검사 이후에 주택단지 전체 대지에 속하는 일부의 토지에 대한 소유권이전등기 말소소송에 따라 乙이 해당 토지의 소유권을 회복하였다. 주택법령상 이에 관한 설명으로 틀린 것은?

① 주택의 소유자들이 대표자를 선정하여 매도청구에 관한 소송을 한 경우, 그 소송에 대한 판결은 주택의 소유자 전체에 대하여 효력이 있다.

② 주택의 소유자들이 乙에게 해당 토지에 대한 매도청구를 하는 경우 공시지가를 기준으로 하여야 한다.

③ 주택의 소유자들이 매도청구를 하려면 乙이 소유권을 회복한 토지의 면적이 주택단지 전체 대지면적의 5퍼센트 미만이어야 한다.

④ 주택의 소유자들의 매도청구의 의사표시는 乙이 해당 토지 소유권을 회복한 날부터 2년 이내에 乙에게 송달되어야 한다.

⑤ 주택의 소유자들은 乙에 대한 매도청구로 인하여 발생한 비용의 전부를 B에게 구상할 수 있다.

31. 주택법령에 규정된 주택의 공급에 관한 설명으로 틀린 것은?

① 주택상환사채를 양도 또는 양수 등을 하는 자는 원칙적으로 3년 이하의 징역 또는 3천만원 이하의 벌금에 처한다.

② 국토교통부장관은 1년마다 주거정책심의위원회의 회의를 소집하여 투기과열지구 지정의 계속 여부를 재검토하여야 한다.

③ 도시 및 주거환경정비법에 따른 공공재개발사업에서 건설·공급하는 주택은 분양가상한제의 적용을 받지 아니한다.

④ 시장·군수·구청장은 사업계획승인신청이 있는 날부터 20일 이내에 분양가심사위원회를 설치·운영하여야 한다.

⑤ 사업주체(주택조합은 제외한다)는 입주자모집공고 승인신청일 이후부터 입주예정자가 소유권 이전등기를 신청할 수 있는 날 이후 60일까지 동의 없이 해당 주택에 저당권 등의 담보물권을 설정하는 행위를 하여서는 아니 된다.

32. 건축법령상 건축물 등에 관한 설명으로 틀린 것은?

① 층수가 6층 이상인 건축물은 특수구조 건축물에 해당한다.

② 높이가 200m 이상인 건축물은 초고층건축물에 해당한다.

③ 토지에 정착하는 공작물 중 지붕과 기둥 또는 벽이 있는 것이 건축물이다.

④ 전통한옥은 「건축법」을 적용을 받는 건축물이다.

⑤ 사용승인을 신청할 때, 둘 이상의 필지를 하나의 필지로 합칠 것을 조건으로 건축허가를 하는 경우 둘 이상 필지를 하나의 대지로 할 수 있다.

33. 건축법령상 건축물 및 대수선 등에 관한 설명으로 틀린 것은?

① 기존 건축물의 높이를 3m 증가시키는 행위는 증축에 해당한다.

② 건축물의 주계단·피난계단 또는 특별피난계단을 증설하는 것은 대수선에 해당한다.

③ 건축물의 벽면적 30㎡ 미만 수선 또는 변경하는 것은 대수선에 해당한다.

④ 건축물의 주요구조부를 해체하지 아니하고 같은 대지에서 옆으로 2m 옮기는 것은 이전이다.

⑤ 기존 건축물의 전부 또는 일부를 해체하고 그 대지 안에 종전과 같은 규모의 범위에서 건축물을 다시 축조하는 것은 개축이다.

34. 건축법상 건축관계자가 이 법을 적용하여 건축허가권자에게 완화요청을 할 수 있는 대상으로 틀린 것은?

① 31층 이상으로 건축물 전부가 공동주택인 경우

② 거실이 없는 통신시설 및 기계·설비시설인 경우

③ 수면 위에 건축하는 건축물 등 대지의 범위를 설정하기 곤란한 경우

④ 도시형 생활주택(아파트는 제외한다)인 경우

⑤ 사용승인을 얻은 후 15년 이상 경과되어 리모델링이 필요한 건축물인 경우

35. 건축법령상 건폐율, 용적률 및 높이제한에 관한 틀린 설명만을 고른 것은?

> ㄱ. 건폐율은 대지면적에 대한 건축면적의 비율이다.
> ㄴ. 용적률은 대지면적에 대한 연면적의 비율이다.
> ㄷ. 240%의 용적률과 60%의 건폐율 최대한도를 적용받는다면 4층을 초과하는 건축물을 건축할 수 없다.
> ㄹ. 건축물의 높이제한은 법률과 시행령으로 정해지므로, 조례로 정할 수는 없다.
> ㅁ. 건폐율·용적률의 최대한도는 국토의 계획 및 이용에 관한 법률에 따르되, 건축법이 그 기준을 완화 또는 강화하여 적용하도록 규정한 경우에는 그에 따른다.

① ㄱ, ㄷ   ② ㄴ, ㄷ   ③ ㄷ, ㄹ

④ ㄹ, ㅁ   ⑤ ㄷ, ㅁ

36. 건축법령상 건축허가와 그 제한 및 취소에 관한 설명으로 틀린 것은?

① 21층 이상의 건축물을 특별시 또는 광역시에 건축하고자 하는 경우에는 특별시장 또는 광역시장의 허가를 받아야 한다.

② 허가권자는 숙박시설에 해당하는 건축물이 주거환경 등 주변환경을 감안할 때 부적합하다고 인정하는 경우 건축위원회의 심의를 거쳐 건축허가를 하지 아니할 수 있다.

③ 건축허가 또는 건축물의 착공을 제한하는 경우 그 제한기간은 2년 이내로 하되, 1회에 한하여 1년 이내의 범위에서 그 제한기간을 연장할 수 있다.

④ 특별시장·광역시장·도지사가 시장·군수·구청장의 건축허가 또는 건축물의 착공을 제한하는 경우에는 즉시 국토교통부장관에게 보고하여야 하며, 국토교통부장관은 제한의 내용이 지나치다고 인정하는 경우에 그 해제를 명할 수 있다.

⑤ 「산업집적활성화 및 공장설립에 관한 법률」 제13조에 의하여 신설된 공장에 관하여 건축허가를 받은 자가 그 허가를 받은 날부터 2년 이내에 공사를 착수하지 아니하는 경우에는 허가를 취소하여야 한다.

37. 건축법령상 바닥면적의 합계가 5,000m² 이상인 건축물로 공개공지 등을 확보하여야 하는 건축물이 아닌 것은?

① 문화 및 집회시설 중 극장

② 판매시설 중 농수산물유통시설

③ 숙박시설 중 호텔

④ 운수시설 중 여객자동차터미널

⑤ 종교시설 중 성당

38. 다음과 같이 대지면적 1,000m²인 토지에 지하 1층 지상 2층의 건물이 있다. 이 토지에 적용되는 최대용적률이 200%라고 하면 현 상태에서 지상으로 증축 가능한 최대 연면적은 얼마인가?(단, 높이 제한이나 건축구조 등의 제약이 없는 것으로 가정한다)

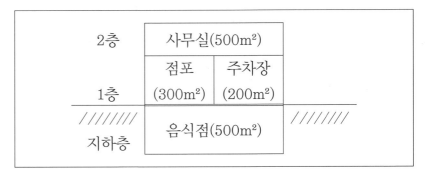

① 1,000m²   ② 1,200m²   ③ 1,300m²

④ 1,500m²   ⑤ 1,800m²

39. 농지법령상 농지 소유자가 소유 농지를 위탁경영할 수 없는 경우는?

① 병역법에 따라 현역으로 징집된 경우

② 6개월간 미국을 여행 중인 경우

③ 선거에 따른 지방의회의원 취임으로 자경할 수 없는 경우

④ 농업법인이 청산 중인 경우

⑤ 교통사고로 2개월간 치료가 필요한 경우

40. 농지법령상 농지취득자격증명을 신청하고자 하는 경우 제출하는 농업경영계획서에 포함되어야 하는 내용이 아닌 것은?

① 취득 대상 농지의 면적(공유로 취득하려는 경우 공유 지분의 비율 및 각자가 취득하려는 농지의 위치도 함께 표시한다)

② 취득대상 농지의 취득가격

③ 농지취득자격증명을 발급받으려는 자의 직업·영농경력·영농거리

④ 취득 대상 농지에서 농업경영을 하는 데에 필요한 노동력 및 농업 기계·장비·시설의 확보 방안

⑤ 소유 농지의 이용 실태(농지 소유자에게만 해당한다)

2023년도 제34회 시험대비 THE LAST 모의고사
최성진 부동산공법

회차	문제수	시험과목
2회	40	부동산공법

수험번호		성명	

【수험자 유의사항】

1. 시험문제지의 **총면수, 문제번호, 일련순서, 인쇄상태** 등을 확인하시고, 문제지 표지에 수험번호와 성명을 기재하시기 바랍니다.

2. 답은 각 문제마다 요구하는 **가장 적합하거나 가까운 답 1개**만 선택하고, 답안카드 작성 시 시험문제지 **마킹착오**로 인한 불이익은 전적으로 **수험자에게 책임**이 있음을 알려드립니다.

3. 답안카드는 국가전문자격 공통 표준형으로 문제번호가 1번부터 125번까지 인쇄되어 있습니다. 답안 마킹 시에는 반드시 **시험문제지의 문제번호와 동일한 번호**에 마킹하여야 합니다.

4. **감독위원의 지시에 불응하거나 시험시간 종료 후 답안카드를 제출하지 않을 경우** 불이익이 발생할 수 있음을 알려드립니다.

5. 시험문제지는 시험 종료 후 가져가시기 바랍니다.

6. 답안작성은 **시험시행일 현재 시행되는 법령** 등을 적용하시기 바랍니다.

7. 가답안 의견제시에 대한 개별회신 및 공고는 하지 않으며, **최종 정답 발표로 갈음**합니다.

8. 시험 중 **중간 퇴실은 불가**합니다. 단, 부득이하게 퇴실할 경우 **시험 포기각서 제출 후 퇴실은 가능**하나 **재입실이 불가**하며, 해당시험은 무효처리됩니다.

박문각은 여러분의 제34회 공인중개사 시험 합격을 진심으로 응원합니다!

합격까지 박문각

부동산공법 중 부동산 중개에 관련되는 규정

1. 국토의 계획 및 이용에 관한 법령상 광역도시계획 및 도시·군기본계획에 관한 설명으로 옳은 것은?

① 광역도시계획과 도시·군기본계획은 특별시·광역시·특별자치시·특별자치도·시 또는 군의 관할 구역에서 수립한다.

② 광역도시계획과 도시·군기본계획의 수립권자는 동일하다.

③ 광역도시계획과 도시·군기본계획을 수립하는 경우에는 기초조사의 내용에 토지적성평가와 재해취약성분석을 포함하여야 한다.

④ 광역도시계획과 도시·군기본계획을 수립한 후 5년마다 타당성 여부를 재검토하여 정비하여야 한다.

⑤ 광역도시계획과 도시·군기본계획의 수립기준 등은 대통령령이 정하는 바에 따라 국토교통부장관이 정한다.

2. 중앙행정기관의 장이나 지방자치단체의 장은 다른 법률에 따라 지정되는 구역 등 중 면적이 1km² 이상인 경우 구역 등을 지정하거나 변경하려면 중앙행정기관의 장은 국토교통부장관과 협의하여야 하며, 지방자치단체의 장은 국토교통부장관의 승인을 받아야 하는 것은?(단, 보전관리지역·생산관리지역·농림지역 또는 자연환경보전지역에 '구역 등'이 지정되는 경우로 함)

① 「산지관리법」에 따른 보전산지의 지정

② 「자연환경보전법」에 따른 생태·경관보전지역

③ 「수도법」에 따른 상수원보호구역의 지정

④ 「야생생물 보호 및 관리에 관한 법률」에 따른 야생생물특별보호구역의 지정

⑤ 「한강수계 상수원수질개선 및 주민지원 등에 관한 법률」에 따른 수변구역의 지정

3. 국토의 계획 및 이용에 관한 법령상 용도지역의 지정목적에 관한 설명으로 틀린 것은?

① 보전녹지지역은 도시의 녹지공간의 확보를 위하여 보전할 필요가 있는 지역으로서 불가피한 경우에 한하여 제한적인 개발이 허용되는 지역이다.

② 제2종 전용주거지역은 공동주택 중심의 양호한 주거환경을 보호하기 위하여 필요한 지역이다.

③ 제3종 일반주거지역은 중·고층주택 중심의 편리한 주거환경을 조성하기 위하여 필요한 지역이다.

④ 일반공업지역은 환경을 저해하지 아니하는 공업의 배치를 위하여 필요한 지역이다.

⑤ 근린상업지역은 근린지역에서의 일용품 및 서비스의 공급을 위하여 필요한 지역이다.

4. 국토의 계획 및 이용에 관한 법령상 아파트를 건축할 수 있는 용도지역은?

① 계획관리지역

② 일반공업지역

③ 제2종 전용주거지역

④ 제1종 일반주거지역

⑤ 유통상업지역

5. 국토의 계획 및 이용에 관한 법령상 용도지구 중 대통령령에 의하여 세분할 수 없는 용도지구는?

① 고도지구　　　② 경관지구　　　③ 보호지구

④ 취락지구　　　⑤ 개발진흥지구

6. 국토의 계획 및 이용에 관한 법령상 지구단위계획구역 등에 대한 설명으로 틀린 것은?

① 시장 또는 군수가 입안한 지구단위계획구역의 지정·변경에 관한 도시·군관리계획은 시장 또는 군수가 직접 결정한다.

② 「택지개발촉진법」상 택지개발지구의 전부에도 지구단위계획구역으로 지정할 수 있다.

③ 자연녹지지역에서 준주거지역으로 변경되는 지역으로 면적이 300,000m² 이상인 경우 지구단위계획구역을 지정하여야 한다.

④ 지구단위계획이 수립되어 있는 지구단위계획구역에서 공사기간 중 이용하는 공사용 가설건축물을 건축하려면 그 지구단위계획에 맞게 하여야 한다.

⑤ 지구단위계획에 맞지 아니하게 건축물을 건축하거나 용도변경을 한 자는 2년 이하의 징역 또는 2천만원 이하의 벌금에 처한다.

7. 국토의 계획 및 이용에 관한 법률은 중앙도시계획위원회와 지방도시계획위원회의 심의를 거치지 아니하고 개발행위의 허가를 하는 경우를 규정하고 있다. 이에 해당하는 개발행위를 모두 고른 것은?

> ㄱ. 다른 법률에 따라 도시계획위원회의 심의를 받는 구역에서 하는 개발행위
> ㄴ. 「산림자원의 조성 및 관리에 관한 법률」에 따른 산림사업을 위한 개발행위
> ㄷ. 「사방사업법」에 따른 사방사업을 위한 개발행위

① ㄱ　　　　　② ㄴ　　　　　③ ㄱ, ㄷ

④ ㄴ, ㄷ　　　　⑤ ㄱ, ㄴ, ㄷ

8. 국토의 계획 및 이용에 관한 법령상 기반시설 중 공공·문화체육시설에 해당하지 <u>않는</u> 것은?

① 방송·통신시설   ② 사회복지시설

③ 공공직업훈련시설   ④ 연구시설

⑤ 청소년수련시설

9. 국토의 계획 및 이용에 관한 법령상 개발행위에 따른 공공시설 등의 귀속에 관한 설명으로 <u>틀린</u> 것은?

① 개발행위허가를 받은 자가 행정청인 경우 개발행위허가를 받은 자가 새로 공공시설을 설치한 경우 새로 설치된 공공시설은 그 시설을 관리할 관리청에 무상으로 귀속된다.

② 개발행위허가를 받은 자가 행정청인 경우 개발행위허가를 받은 자가 기존의 공공시설에 대체되는 공공시설을 설치한 경우 종래의 공공시설은 개발행위허가를 받은 자에게 무상으로 귀속된다.

③ 개발행위허가를 받은 자가 행정청이 아닌 경우 개발행위로 용도가 폐지되는 공공시설은 개발행위허가를 받은 자에게 무상으로 귀속된다.

④ 개발행위허가를 받은 자가 행정청이 아닌 경우 개발행위허가를 받은 자가 새로 설치한 공공시설은 그 시설을 관리할 관리청에 무상으로 귀속된다.

⑤ 특별시장·광역시장·특별자치시장·특별자치도지사·시장 또는 군수는 공공시설의 귀속에 관한 사항이 포함된 개발행위허가를 하려면 미리 관리청의 의견을 들어야 한다.

10. 국토의 계획 및 이용에 관한 법령상 국토교통부장관이 도시·군관리계획의 수립기준을 정할 때 고려하여야 하는 사항이 <u>아닌</u> 것은?

① 공간구조는 생활권단위로 적정하게 구분하고 생활권별로 생활·편익시설이 고루 갖추어지도록 할 것

② 녹지축·생태계·산림·경관 등 양호한 자연환경과 우량농지, 문화재 및 역사문화환경 등을 고려하여 토지이용계획을 수립하도록 할 것

③ 도시지역 등에 위치한 개발가능토지는 단계별로 시차를 두어 개발되도록 할 것

④ 도시의 개발 또는 기반시설의 설치 등이 환경에 미치는 영향을 미리 검토하는 등 계획과 환경의 유기적 연관성을 높여 건전하고 지속가능한 도시발전을 도모하도록 할 것

⑤ 수도권 안의 인구집중유발시설이 수도권 외의 지역으로 이전하는 경우 종전의 대지에 대하여는 그 시설의 지방이전이 촉진될 수 있도록 토지이용계획을 수립하도록 할 것

11. 국토의 계획 및 이용에 관한 법령상 기반시설부담구역에 설치가 필요한 기반시설에 해당하지 <u>않는</u> 것은?(단, 조례는 고려하지 않음)

① 도로(인근의 간선도로로부터 기반시설부담구역까지의 진입도로를 포함)

② 공원

③ 수도(인근의 수도로부터 기반시설부담구역까지 연결하는 수도를 포함)

④ 학교(「고등교육법」에 따른 학교를 포함)

⑤ 하수도(인근의 하수도로부터 기반시설부담구역까지 연결하는 하수도를 포함)

12. 국토의 계획 및 이용에 관한 법령상 도시·군계획시설부지의 매수청구 등에 관한 설명 중 괄호 안에 들어갈 숫자로 옳은 것은?

> - 도시·군계획시설결정의 고시일부터 (ㄱ) 이내에 도시·군계획시설사업이 시행되지 아니하는 경우로 지목이 대(垈)인 토지(건축물·정착물은 포함)의 소유자는 당해 토지의 매수를 청구할 수 있다.
> - 매수의무자는 매수청구가 있은 날부터 (ㄴ) 이내에 매수여부를 결정하여 통지하여야 한다.
> - 도시·군계획시설채권의 상환기간은 (ㄷ) 이내에서 조례로 정한다.
> - 도시·군계획시설결정이 고시된 도시·군계획시설에 대하여 그 고시일부터 (ㄹ)이 지날 때까지 그 시설의 설치에 관한 도시·군계획시설사업이 시행되지 아니하는 경우 그 도시·군계획시설결정은 그 고시일부터 (ㄹ)이 되는 날의 다음 날에 그 효력을 잃는다.

① ㄱ : 5년, ㄴ : 3개월, ㄷ : 5년, ㄹ : 10년

② ㄱ : 5년, ㄴ : 6개월, ㄷ : 10년, ㄹ : 10년

③ ㄱ : 10년, ㄴ : 6개월, ㄷ : 5년, ㄹ : 20년

④ ㄱ : 10년, ㄴ : 6개월, ㄷ : 10년, ㄹ : 20년

⑤ ㄱ : 20년, ㄴ : 6개월, ㄷ : 10년, ㄹ : 30년

13. 도시개발법령상 도시개발구역으로 지정할 수 있는 대상 지역 및 규모에 관하여 (   )에 들어갈 숫자를 바르게 나열한 것은?

> • 주거지역 및 상업지역 : (ㄱ)만 제곱미터 이상
> • 공업지역 : (ㄴ)만 제곱미터 이상
> • 자연녹지지역 : (ㄷ)만 제곱미터 이상
> • 도시개발구역 지정면적의 100분의 30 이하인 생산녹지지역 : (ㄹ)만 제곱미터 이상

① ㄱ : 1, ㄴ : 1, ㄷ : 1, ㄹ : 3
② ㄱ : 1, ㄴ : 3, ㄷ : 1, ㄹ : 1
③ ㄱ : 1, ㄴ : 3, ㄷ : 3, ㄹ : 1
④ ㄱ : 3, ㄴ : 1, ㄷ : 3, ㄹ : 3
⑤ ㄱ : 3, ㄴ : 3, ㄷ : 1, ㄹ : 1

14. 도시개발법령상 도시개발구역의 지정 등과 관련된 설명으로 틀린 것은?

① 지정권자인 시·도지사 또는 대도시 시장은 관계 행정기관의 장과 협의하여 도시개발구역을 지정하되, 도시개발구역의 면적이 100만㎡ 이상인 경우 국토교통부장관과 협의하여야 한다.
② 도시개발사업을 시행하고자 하는 구역의 면적이 100만㎡ 이상인 경우에는 공람기간의 만료 후에 공청회를 개최하여야 한다.
③ 취락지구가 지정된 토지에 도시개발구역이 지정·고시된 경우 해당 도시개발구역은 이 법에 따라 도시지역과 지구단위계획구역으로 결정·고시된 것으로 보지 아니한다.
④ 도시개발구역에서는 건축물의 건축·용도변경의 행위를 하려는 자는 특별시장·광역시장·특별자치도지사·시장 또는 군수의 허가를 받아야 한다.
⑤ 계획관리지역에서 도시개발구역의 면적 330만㎡ 이상인 경우에는 도시개발구역이 지정·고시된 날로부터 5년이 되는 날까지 개발계획을 수립·고시하지 아니하는 경우에는 그 5년이 되는 날의 다음 날에 도시개발구역의 지정이 해제된 것으로 본다.

15. 도시개발법령상 도시개발사업의 계획(이하 '개발계획'이라 함)에 관한 설명으로 옳은 것을 모두 고른 것은?

> ㄱ. 개발계획은 도시개발구역의 지정권자가 수립하거나 변경한다.
> ㄴ. 보전관리지역에서는 도시개발구역을 지정한 후에 개발계획을 수립할 수 있다.
> ㄷ. 수용 또는 사용방식의 도시개발사업에 대한 개발계획을 수립하려면 토지면적의 3분의 2 이상의 토지소유자와 그 지역의 토지소유자 총수의 2분의 1 이상의 토지소유자의 동의를 받아야 한다.
> ㄹ. 개발계획에는 보건의료시설 및 복지시설의 설치계획·설계도서·자금계획·지구단위계획 등의 내용이 포함되어야 한다.

① ㄱ, ㄴ   ② ㄱ, ㄷ   ③ ㄴ, ㄷ
④ ㄴ, ㄹ   ⑤ ㄷ, ㄹ

16. 도시개발법령상 도시개발사업의 시행자에 관한 설명으로 틀린 것은?

① 전부 환지방식에서 토지소유자나 도시개발조합이 개발계획의 수립·고시일부터 1년 이내에 시행자 지정신청을 하지 아니하는 경우 '지방자치단체 등'을 시행자로 지정할 수 있다.
② 도시개발사업에 관한 실시계획의 인가를 받은 후 2년 이내에 사업을 착수하지 아니하는 경우 시행자를 변경할 수 있다.
③ 도시개발조합을 설립하려면 도시개발구역의 토지소유자 7명 이상이 정관을 작성하여 지정권자에게 조합설립의 인가를 받아야 한다.
④ 조합 설립인가에 동의한 자로부터 토지를 취득한 자는 조합 설립인가 신청 후에도 동의를 철회할 수 있다.
⑤ 도시개발조합은 의결권을 가진 조합원의 수가 50인 이상인 조합은 총회의 권한을 대행하기 위하여 대의원회를 둘 수 있다.

17. 도시개발법령상 시행자는 원형지를 공급하기 위하여 지정권자에게 승인 신청을 할 때에는 원형지의 공급 계획을 작성하여 지정권자에게 제출하여야 하는 첨부서류이다. 다음 중 틀린 것은?

① 공급대상 토지의 위치·면적 및 공급목적
② 원형지개발자에 관한 사항
③ 세입자 등을 위한 임대주택 건설용지의 공급
④ 예상 공급가격 및 주요 계약조건
⑤ 원형지 인구수용계획, 토지이용계획, 교통처리계획, 환경보전계획, 주요 기반시설의 설치계획

18. 도시개발법령상 환지방식에 의한 도시개발사업의 내용에 관한 설명으로 틀린 것은?

① 시행자는 지정권자에 의한 준공검사를 받은 때에는 60일 이내에 환지처분을 하여야 한다.

② 환지계획의 작성에 따른 환지계획의 기준, 보류지의 책정 기준 등에 관하여 필요한 사항은 국토교통부령으로 정할 수 있다.

③ 행정청이 아닌 시행자가 인가받은 환지계획의 내용 중 종전 토지의 합필 또는 분필로 환지명세가 변경되는 경우에는 변경인가를 받지 아니한다.

④ 종전의 토지에 대한 저당권은 환지처분의 공고가 있는 날의 다음 날부터 해당 건축물의 일부와 토지의 공유지분에 존재하는 것으로 본다.

⑤ 환지방식이 적용되는 도시개발구역 안의 조성토지 등의 가격을 평가하고자 할 때에는 토지평가협의회의 심의를 거쳐 결정하며, 심의 후 감정평가업자 등에게 평가하게 하여야 한다.

19. 도시 및 주거환경정비법령상 용어의 정의에 관한 설명으로 옳은 것은?

① 상업지역·공업지역 등으로서 토지의 효율적 이용과 도심 또는 부도심 등 도시기능의 회복 및 상권활성화 등이 필요한 지역에서 도시환경을 개선하기 위한 사업은 주거환경개선사업에 해당한다.

② '정비기반시설'이란 놀이터·마을회관·공동작업장 등 대통령령이 정하는 시설을 말한다.

③ 준공 후 기준으로 20년까지 사용하기 위하여 보수·보강하는 비용이 철거 후 새로 건축물을 건설하는 비용보다 클 것으로 예상되는 건축물은 노후·불량건축물의 요건에 해당한다.

④ '토지주택공사 등'이란 국가, 지방자치단체 또는 한국토지주택공사를 말한다.

⑤ '대지'란 정비사업에 의하여 조성된 토지를 말한다.

20. 도시 및 주거환경정비법령상 도시·주거환경정비기본계획(이하 '기본계획'이라 함)의 수립에 관한 설명으로 옳은 것은?

① 특별시장·광역시장·특별자치시장·특별자치도지사·시장 또는 군수는 기본계획은 10년 단위로 수립하며, 5년마다 그 타당성 여부를 검토하여야 한다.

② 기본계획의 수립권자는 기본계획을 수립하려는 경우에는 14일 이상 주민에게 공람하여 주민설명회를 개최하여야 하며, 제시된 의견이 타당하다고 인정되면 이를 기본계획에 반영하여야 한다.

③ 건폐율·용적률 등에 관한 건축물의 밀도계획은 기본계획에 포함되어야 하며, 시장은 기본계획을 수립하거나 변경한 때에는 도지사에게 보고하여야 한다.

④ 도지사가 기본계획을 수립할 필요가 없다고 인정하는 대도시가 아닌 시는 기본계획을 수립하지 아니할 수 있다.

⑤ 건폐율 및 용적률의 각 20% 미만의 변경인 경우에는 주민공람과 지방의회의 의견청취를 하여야 한다.

21. 도시 및 주거환경정비법령상 재건축사업에 관한 설명으로 틀린 것은?

① 재건축사업의 토지등소유자는 정비구역 안의 건축물 및 그 부속토지의 소유자를 말한다.

② 주택단지 안의 재건축사업은 정비구역 지정고시일 현재 토지등소유자 3분의 2 이상의 동의와 세입자 세대수 과반수의 동의를 얻어 조합을 설립하여야 한다.

③ 투기과열지구에서 재건축사업을 위한 조합설립인가 후 해당 정비사업의 건축물 또는 토지를 양수한 자는 조합원이 될 수 없다.

④ 정비계획 입안권자는 재건축사업 정비계획의 수립시기가 도래한 경우 안전진단을 실시하여야 한다.

⑤ 재건축사업의 조합원은 정비구역 안의 토지등소유자로 사업에 동의한 자가 조합원이 된다.

22. 도시 및 주거환경정비법령상 시장·군수 등이 직접 정비사업을 시행하거나 토지주택공사 등을 사업시행자로 지정하여 정비사업을 시행하게 할 수 있는 경우에 해당하지 않는 것은?

① 천재지변으로 긴급하게 정비사업을 시행할 필요가 있다고 인정하는 때

② 지방자치단체의 장이 시행하는 「국토의 계획 및 이용에 관한 법률」에 따른 도시·군계획사업과 병행하여 정비사업을 시행할 필요가 있다고 인정하는 때

③ 조합설립추진위원회가 시장·군수 등의 구성승인을 받은 날부터 3년 이내에 조합설립 인가를 신청하지 아니한 때

④ 재건축조합이 사업시행 예정일부터 2년 이내에 사업시행계획인가를 신청하지 아니한 때

⑤ 해당 정비구역의 국·공유지 면적 또는 국·공유지와 토지주택공사 등이 소유한 토지를 합한 면적이 전체 토지면적의 2분의 1 이상으로서 토지등소유자의 과반수가 시장·군수 등 또는 토지주택공사 등을 사업시행자로 지정하는 것에 동의하는 때

23. 도시 및 주거환경정비법령상 정비사업의 시행에 관한 설명으로 틀린 것은?

① 재개발사업의 시행자는 사업시행으로 이주하는 상가세입자가 사용할 수 있도록 정비구역 또는 정비구역 인근에 임시상가를 설치할 수 있다.

② 재개발사업의 경우 사업시행계획인가 고시가 있는 때에는 「공익사업을 위한 토지 등의 취득 및 보상에 관한 법률」에 의한 사업인정 및 그 고시가 있는 것으로 본다.

③ 정비사업을 위한 동의는 서면동의서에 토지등소유자가 성명을 적고 지장을 날인하는 방법으로 하며, 신분증 사본을 첨부하여야 한다.

④ 시장·군수 등은 재개발사업의 사업시행계획인가를 하려는 경우 해당 정비사업의 사업시행자가 지정개발자인 때에는 정비사업비의 100분의 20의 범위에서 시·도조례로 정하는 금액을 예치하게 할 수 있다.

⑤ 시행자는 재건축사업의 시행으로 철거되는 주택의 소유자 또는 세입자에 대하여 주택자금의 융자알선 등 임시거주에 상응하는 조치를 하여야 한다.

24. 도시 및 주거환경정비법령에 정비사업전문관리업자는 동일한 정비사업에 대하여 업무를 병행하여 수행할 수 없는 것에 관한 설명으로 틀린 것은?

① 정비사업의 회계감사 ② 정비사업의 시공
③ 정비사업의 설계 ④ 정비사업의 대행
⑤ 건축물의 철거

25. 주택법령상 용어의 정의에 따를 때 '주택'에 해당하지 않는 것을 모두 고른 것은?

ㄱ. 3층의 다가구주택	ㄴ. 2층의 공관
ㄷ. 4층의 다세대주택	ㄹ. 3층의 기숙사
ㅁ. 5층의 다중생활시설	

① ㄱ, ㄴ, ㄷ ② ㄱ, ㄹ, ㅁ ③ ㄴ, ㄷ, ㄹ
④ ㄷ, ㄹ, ㅁ ⑤ ㄴ, ㄹ, ㅁ

26. 주택법령상 주택공급과 관련하여 금지되는 공급질서 교란행위에 해당하지 않는 것은?

① 주택을 공급받을 수 있는 조합원 지위의 증여
② 주택상환사채의 저당
③ 주택을 공급받을 수 있는 조합원 지위의 매매를 위한 인터넷 광고
④ 주택상환사채의 매입을 목적으로 하는 전화 광고
⑤ 입주자저축 증서의 증여

27. 주택법령상 국토교통부장관에게 사업계획승인을 받아야 하는 대상으로 틀린 것은?

① 국가가 주택건설사업을 시행하는 경우
② 한국토지주택공사가 주택건설사업을 시행하는 경우
③ 100만m² 이상 규모로 「택지개발촉진법」에 의한 택지개발사업을 하는 지역으로 국토교통부장관이 정하는 지역에서 주택건설사업을 시행하는 경우
④ 광역시 지역의 긴급한 주택난 해소가 필요한 지역에서 주택건설사업을 시행하는 경우
⑤ 국가와 지방자치단체가 공동으로 100분의 50을 초과하여 출자한 부동산투자회사가 공공주택건설사업을 시행하는 경우

28. 주택법령상 사업주체가 수도권정비계획법에 따른 수도권에서 건설·공급하는 분양가상한제 적용주택의 입주자의 거주의무에 관한 설명으로 틀린 것은?

① 해당 주택을 상속받은 자에 대해서는 거주의무가 없다.

② 거주의무자는 거주의무기간 동안 계속하여 거주하여야 함을 소유권에 관한 등기에 부기등기하여야 한다.

③ 해당 주택에 입주하기 위하여 준비기간이 필요한 경우 해당 주택에 거주한 것으로 보는 기간은 최초 입주가능일부터 90일까지로 한다.

④ 해당 주택이 공공택지에서 건설·공급되는 주택인 경우 거주의무기간은 2년이다.

⑤ 거주의무 위반을 이유로 한국토지주택공사가 취득한 주택을 공급받은 사람은 거주의무기간 중 잔여기간 동안 계속하여 그 주택에 거주하여야 한다.

29. 주택을 마련하기 위한 목적으로 설립된 A지역주택조합은 공개모집의 방법으로 조합원 甲 등을 모집하여 관할 시장에게 설립인가를 신청하였다. 주택법령상 이에 관한 설명으로 옳은 것은?

① 10억원 이상의 자산평가액을 보유한 「공인중개사법」에 따른 개인 중개업자는 A지역주택조합의 조합설립인가 신청을 대행할 수 없다.

② 관할 시장의 설립인가가 있은 이후에는 甲은 조합을 탈퇴할 수 없다.

③ 공개모집 이후 甲이 조합원의 자격을 상실하여 충원하는 경우 A지역주택조합은 관할시장에게 신고하지 아니하고 선착순의 방법으로 조합원을 모집할 수 있다.

④ A지역주택조합은 조합원 모집에 관하여 설명한 내용을 조합 가입 신청자가 이해하였음을 서면으로 확인받아 가입 신청자에게 교부하고, 그 사본을 3년간 보관하여야 한다.

⑤ 甲의 사망으로 A지역주택조합이 조합원을 충원하는 경우, 충원되는 자가 조합원 자격요건을 갖추었는지는 A지역주택조합의 설립인가일을 기준으로 판단한다.

30. B가 사업주체로서 건설·공급한 주택에 대한 사용검사 이후에 주택단지 전체 대지에 속하는 일부의 토지에 대한 소유권이전등기 말소소송에 따라 乙이 해당 토지의 소유권을 회복하였다. 주택법령상 이에 관한 설명으로 틀린 것은?

① 주택의 소유자들이 대표자를 선정하여 매도청구에 관한 소송을 한 경우, 그 소송에 대한 판결은 주택의 소유자 전체에 대하여 효력이 있다.

② 주택의 소유자들이 乙에게 해당 토지에 대한 매도청구를 하는 경우 공시지가를 기준으로 하여야 한다.

③ 주택의 소유자들이 매도청구를 하려면 乙이 소유권을 회복한 토지의 면적이 주택단지 전체 대지면적의 5퍼센트 미만이어야 한다.

④ 주택의 소유자들의 매도청구의 의사표시는 乙이 해당 토지 소유권을 회복한 날부터 2년 이내에 乙에게 송달되어야 한다.

⑤ 주택의 소유자들은 乙에 대한 매도청구로 인하여 발생한 비용의 전부를 B에게 구상할 수 있다.

31. 주택법령에 규정된 주택의 공급에 관한 설명으로 틀린 것은?

① 주택상환사채를 양도 또는 양수 등을 하는 자는 원칙적으로 3년 이하의 징역 또는 3천만원 이하의 벌금에 처한다.

② 국토교통부장관은 1년마다 주거정책심의위원회의 회의를 소집하여 투기과열지구 지정의 계속 여부를 재검토하여야 한다.

③ 도시 및 주거환경정비법에 따른 공공재개발사업에서 건설·공급하는 주택은 분양가상한제의 적용을 받지 아니한다.

④ 시장·군수·구청장은 사업계획승인신청이 있은 날부터 20일 이내에 분양가심사위원회를 설치·운영하여야 한다.

⑤ 사업주체(주택조합은 제외한다)는 입주자모집공고 승인신청일 이후부터 입주예정자가 소유권 이전등기를 신청할 수 있는 날 이후 60일까지 동의 없이 해당 주택에 저당권 등의 담보물권을 설정하는 행위를 하여서는 아니 된다.

32. 건축법령상 건축물 등에 관한 설명으로 틀린 것은?

① 층수가 6층 이상인 건축물은 특수구조 건축물에 해당한다.

② 높이가 200m 이상인 건축물은 초고층건축물에 해당한다.

③ 토지에 정착하는 공작물 중 지붕과 기둥 또는 벽이 있는 것이 건축물이다.

④ 전통한옥은 「건축법」을 적용을 받는 건축물이다.

⑤ 사용승인을 신청할 때, 둘 이상의 필지를 하나의 필지로 합칠 것을 조건으로 건축허가를 하는 경우 둘 이상 필지를 하나의 대지로 할 수 있다.

33. 건축법령상 건축물 및 대수선 등에 관한 설명으로 틀린 것은?

① 기존 건축물의 높이를 3m 증가시키는 행위는 증축에 해당한다.

② 건축물의 주계단·피난계단 또는 특별피난계단을 증설하는 것은 대수선에 해당한다.

③ 건축물의 벽면적 30m² 미만 수선 또는 변경하는 것은 대수선에 해당한다.

④ 건축물의 주요구조부를 해체하지 아니하고 같은 대지에서 옆으로 2m 옮기는 것은 이전이다.

⑤ 기존 건축물의 전부 또는 일부를 해체하고 그 대지 안에 종전과 같은 규모의 범위에서 건축물을 다시 축조하는 것은 개축이다.

34. 건축법상 건축관계자가 이 법을 적용하여 건축허가권자에게 완화요청을 할 수 있는 대상으로 틀린 것은?

① 31층 이상으로 건축물 전부가 공동주택인 경우

② 거실이 없는 통신시설 및 기계·설비시설인 경우

③ 수면 위에 건축하는 건축물 등 대지의 범위를 설정하기 곤란한 경우

④ 도시형 생활주택(아파트는 제외한다)인 경우

⑤ 사용승인을 얻은 후 15년 이상 경과되어 리모델링이 필요한 건축물인 경우

35. 건축법령상 건폐율, 용적률 및 높이제한에 관한 틀린 설명만을 고른 것은?

> ㄱ. 건폐율은 대지면적에 대한 건축면적의 비율이다.
> ㄴ. 용적률은 대지면적에 대한 연면적의 비율이다.
> ㄷ. 240%의 용적률과 60%의 건폐율 최대한도를 적용받는다면 4층을 초과하는 건축물을 건축할 수 없다.
> ㄹ. 건축물의 높이제한은 법률과 시행령으로 정해지므로, 조례로 정할 수는 없다.
> ㅁ. 건폐율·용적률의 최대한도는 국토의 계획 및 이용에 관한 법률에 따르되, 건축법이 그 기준을 완화 또는 강화하여 적용하도록 규정한 경우에는 그에 따른다.

① ㄱ, ㄷ   ② ㄴ, ㄷ   ③ ㄷ, ㄹ

④ ㄹ, ㅁ   ⑤ ㄷ, ㅁ

36. 건축법령상 건축허가와 그 제한 및 취소에 관한 설명으로 틀린 것은?

① 21층 이상의 건축물을 특별시 또는 광역시에 건축하고자 하는 경우에는 특별시장 또는 광역시장의 허가를 받아야 한다.

② 허가권자는 숙박시설에 해당하는 건축물이 주거환경 등 주변환경을 감안할 때 부적합하다고 인정하는 경우 건축위원회의 심의를 거쳐 건축허가를 하지 아니할 수 있다.

③ 건축허가 또는 건축물의 착공을 제한하는 경우 그 제한기간은 2년 이내로 하되, 1회에 한하여 1년 이내의 범위에서 그 제한기간을 연장할 수 있다.

④ 특별시장·광역시장·도지사가 시장·군수·구청장의 건축허가 또는 건축물의 착공을 제한하는 경우에는 즉시 국토교통부장관에게 보고하여야 하며, 국토교통부장관은 제한의 내용이 지나치다고 인정하는 경우에 그 해제를 명할 수 있다.

⑤ 「산업집적활성화 및 공장설립에 관한 법률」 제13조에 의하여 신설된 공장에 관하여 건축허가를 받은 자가 그 허가를 받은 날부터 2년 이내에 공사를 착수하지 아니하는 경우에는 허가를 취소하여야 한다.

37. 건축법령상 바닥면적의 합계가 5,000㎡ 이상인 건축물로 공개공지 등을 확보하여야 하는 건축물이 아닌 것은?

① 문화 및 집회시설 중 극장

② 판매시설 중 농수산물유통시설

③ 숙박시설 중 호텔

④ 운수시설 중 여객자동차터미널

⑤ 종교시설 중 성당

38. 다음과 같이 대지면적 1,000㎡인 토지에 지하 1층 지상 2층의 건물이 있다. 이 토지에 적용되는 최대용적률이 200%라고 하면 현 상태에서 지상으로 증축 가능한 최대 연면적은 얼마인가?(단, 높이 제한이나 건축구조 등의 제약이 없는 것으로 가정한다)

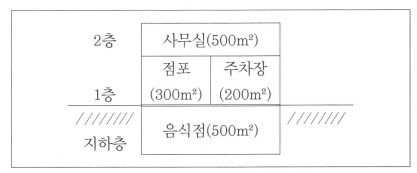

① 1,000㎡   ② 1,200㎡   ③ 1,300㎡

④ 1,500㎡   ⑤ 1,800㎡

39. 농지법령상 농지 소유자가 소유 농지를 위탁경영할 수 없는 경우는?

① 병역법에 따라 현역으로 징집된 경우

② 6개월간 미국을 여행 중인 경우

③ 선거에 따른 지방의회의원 취임으로 자경할 수 없는 경우

④ 농업법인이 청산 중인 경우

⑤ 교통사고로 2개월간 치료가 필요한 경우

40. 농지법령상 농지취득자격증명을 신청하고자 하는 경우 제출하는 농업경영계획서에 포함되어야 하는 내용이 아닌 것은?

① 취득 대상 농지의 면적(공유로 취득하려는 경우 공유 지분의 비율 및 각자가 취득하려는 농지의 위치도 함께 표시한다)

② 취득대상 농지의 취득가격

③ 농지취득자격증명을 발급받으려는 자의 직업·영농경력·영농거리

④ 취득 대상 농지에서 농업경영을 하는 데에 필요한 노동력 및 농업 기계·장비·시설의 확보 방안

⑤ 소유 농지의 이용 실태(농지 소유자에게만 해당한다)

2023년도 제34회 시험대비 THE LAST 모의고사
최성진 부동산공법

회차	문제수	시험과목
3회	40	부동산공법

수험번호		성명	

【수험자 유의사항】

1. 시험문제지의 **총면수, 문제번호, 일련순서, 인쇄상태** 등을 확인하시고, 문제지 표지에 수험번호와 성명을 기재하시기 바랍니다.

2. 답은 각 문제마다 요구하는 **가장 적합하거나 가까운 답 1개**만 선택하고, 답안카드 작성 시 시험문제지 **마킹착오**로 인한 불이익은 전적으로 **수험자에게 책임**이 있음을 알려드립니다.

3. 답안카드는 국가전문자격 공통 표준형으로 문제번호가 1번부터 125번까지 인쇄되어 있습니다. 답안 마킹 시에는 반드시 **시험문제지의 문제번호와 동일한 번호**에 마킹하여야 합니다.

4. **감독위원의 지시에 불응하거나 시험시간 종료 후 답안카드를 제출하지 않을 경우** 불이익이 발생할 수 있음을 알려드립니다.

5. 시험문제지는 시험 종료 후 가져가시기 바랍니다.

6. 답안작성은 **시험시행일 현재 시행되는 법령 등**을 적용하시기 바랍니다.

7. 가답안 의견제시에 대한 개별회신 및 공고는 하지 않으며, **최종 정답 발표로 갈음**합니다.

8. 시험 중 **중간 퇴실은 불가**합니다. 단, 부득이하게 퇴실할 경우 **시험 포기각서 제출 후 퇴실은 가능**하나 **재입실이 불가**하며, **해당시험은 무효처리됩니다.**

박문각은 여러분의 제34회 공인중개사 시험 합격을 진심으로 응원합니다!

부동산공법 중 부동산 중개에 관련되는 규정

1. **국토의 계획 및 이용에 관한 법령에서 정하는 용어정의 등에 관한 설명이다. 옳은 것은?**

① 도시·군관리계획으로 결정하여야 할 사항은 국가계획에 포함될 수 없다.

② 지구단위계획은 도시·군계획 수립대상지역 전부에 대해 토지이용의 합리화 등을 목적으로 수립하는 도시·군관리계획이다.

③ 도시·군계획은 특별시·광역시·특별자치시·특별자치도·시 또는 군(광역시의 군은 제외한다)의 관할구역에 대하여 수립하는 공간구조와 발전방향에 대한 계획으로서 도시·군기본계획과 도시·군관리계획으로 구분한다.

④ 시장 또는 군수가 관할구역에 대하여 다른 법률에 따른 환경·교통·수도·하수도·주택 등 부문별 계획을 수립하는 때에는 도시·군관리계획의 내용과 부합하여야 한다.

⑤ 개발밀도관리구역은 개발로 인하여 기반시설이 부족할 것이 예상되나 기반시설의 설치가 용이한 지역을 대상으로 건폐율이나 용적률을 강화하여 적용하기 위하여 지정하는 구역을 말한다.

2. **국토의 계획 및 이용에 관한 법령상 국토교통부장관이 단독으로 광역도시계획을 수립하는 경우는?**

① 시·도지사가 협의를 거쳐 요청하는 경우

② 광역계획권이 같은 도의 관할 구역에 속하여 있는 경우

③ 광역계획권이 둘 이상의 시·도의 관할 구역에 걸쳐 있는 경우

④ 광역계획권을 지정한 날부터 3년이 지날 때까지 관할 시·도지사로부터 광역도시계획의 승인 신청이 없는 경우

⑤ 중앙행정기관의 장이 요청하는 경우

3. **국토의 계획 및 이용에 관한 법령상 용도지역·용도지구·용도구역에 관한 설명으로 틀린 것은?**

① 준공업지역은 경공업 그 밖의 공업을 수용하되, 주거기능·상업기능 및 업무기능의 보완이 필요한 지역이다.

② 도시지역·관리지역·농림지역 또는 자연환경보전지역으로 용도가 지정되지 아니한 지역의 건폐율은 20% 이하이고, 용적률은 50% 이상 80% 이하를 적용한다.

③ 보호지구는 역사문화환경보호지구, 중요시설물보호지구, 생태계보호지구로 세분하여 지정할 수 있다.

④ 시가화조정구역의 지정에 관한 도시·군관리계획의 결정은 시가화 유보기간이 끝난 날부터 그 효력을 잃는다.

⑤ 관리지역의 산림 중 산지관리법에 따라 보전산지로 지정·고시된 지역은 해당 고시에서 구분하는 바에 따라 농림지역 또는 자연환경보전지역으로 결정·고시된 것으로 본다.

4. **국토의 계획 및 이용에 관한 법령상 용도지역 안에서의 용적률 범위에 관한 조문의 일부이다. ( )에 들어갈 내용으로 옳은 것은?**

- 제1종 일반주거지역 : (ㄱ)% 이상 (ㄴ)% 이하
- 제2종 일반주거지역 : (ㄱ)% 이상 (ㄷ)% 이하
- 제3종 일반주거지역 : (ㄱ)% 이상 (ㄹ)% 이하
- 준주거지역 : (ㅁ)% 이상 (ㅂ)% 이하

	(ㄱ)	(ㄴ)	(ㄷ)	(ㄹ)	(ㅁ)	(ㅂ)
①	50	100	150	200	100	300
②	50	200	250	300	100	300
③	100	150	200	250	150	500
④	100	200	250	300	200	500
⑤	200	250	300	350	200	700

5. **국토의 계획 및 이용에 관한 법령상 도시지역의 지구단위계획구역에서 제2종 전용주거지역인 1,000㎡의 대지에 건축물을 건축하려는 자가 그 대지 중 400㎡을 공공시설 부지로 제공하는 경우 그 건축물에 적용되는 최대 건축연면적은?(단, 제2종 전용주거지역 및 공공시설 제공부지에 적용되는 용적률은 100%이고, 용적률의 상한은 고려하지 않음)**

① 1,200㎡   ② 1,500㎡   ③ 2,000㎡

④ 2,200㎡   ⑤ 4,000㎡

6. **국토의 계획 및 이용에 관한 법령상 복합용도지구에 관한 설명으로 옳은 것은?(단, 제시된 조건 외는 고려하지 않음)**

① 복합용도지구는 주거기능, 공업기능, 유통·물류기능 및 관광·휴양기능 중 2 이상의 기능을 중심으로 개발·정비할 필요가 있는 지구이다.

② 시·도지사 또는 대도시 시장은 복합용도지구를 녹지지역, 관리지역, 농림지역, 자연환경보전지역 등에 지정할 수 있다.

③ 복합용도지구는 용도지역의 지정목적이 크게 저해되지 아니하도록 해당 용도지역 전체 면적의 2분의 1 이하의 범위에서 지정할 수 있다.

④ 일반공업지역이 복합용도지구로 지정되어도 준공업지역에서 허용되는 아파트를 건축하게 할 수는 없다.

⑤ 복합용도지구는 용도지역의 변경시 기반시설이 부족해지는 등의 문제가 우려되어 해당 용도지역의 건축제한만을 강화하는 것이 적합한 경우에 지정할 수 있다.

7. 국토의 계획 및 이용에 관한 법령상 (   )에 들어갈 내용으로 옳은 것은?

> • 지구단위계획(주민이 입안을 제안한 것에 한정한다)에 관한 도시·군관리계획결정의 고시일부터 (ㄱ) 이내에 이 법 또는 다른 법률에 따라 허가·인가·승인 등을 받아 사업이나 공사에 착수하지 아니하면 그 (ㄱ)이 된 날의 다음 날에 그 지구단위계획에 관한 도시·군관리계획결정은 효력을 잃는다.
> • 기반시설부담구역 지정 고시일부터 (ㄴ)이 되는 날 까지 기반시설설치계획을 수립하지 아니하면 (ㄴ)이 되는 날의 다음 날에 기반시설부담구역은 해제된 것으로 본다.
> • 도시·군계획시설 결정이 고시일부터 (ㄷ)이 지날 때 까지 사업이 시행되지 아니하는 경우에는 (ㄷ)이 되는 날의 다음 날에 그 효력을 잃는다.

① ㄱ : 3년, ㄴ : 1년, ㄷ : 20년
② ㄱ : 5년, ㄴ : 1년, ㄷ : 10년
③ ㄱ : 5년, ㄴ : 2년, ㄷ : 20년
④ ㄱ : 5년, ㄴ : 2년, ㄷ : 10년
⑤ ㄱ : 5년, ㄴ : 1년, ㄷ : 20년

8. 국토의 계획 및 이용에 관한 법령상 도시·군계획시설부지의 매수청구에 관한 설명으로 옳은 것을 모두 고른 것은?(단, 조례는 고려하지 않음)

> ㄱ. 도시·군계획시설채권의 상환기간은 10년 이내로 한다.
> ㄴ. 도시·군계획시설 결정·고시일부터 10년 이내에 사업이 시행되지 아니하여도 도시·군계획시설사업의 실시계획인가가 있는 경우에는 매수청구를 할 수 없다.
> ㄷ. 매수의무자는 매수하기로 결정한 토지를 매수 결정을 알린 날부터 3년 이내에 매수하여야 한다.
> ㄹ. 매수 청구를 한 토지의 소유자는 매수의무자가 매수하지 아니하기로 결정한 경우 개발행위허가를 받아 2층인 한의원을 설치할 수 있다.

① ㄱ, ㄴ, ㄹ
② ㄱ, ㄴ, ㄷ
③ ㄴ, ㄹ
④ ㄱ, ㄷ, ㄹ
⑤ ㄱ, ㄴ, ㄷ, ㄹ

9. 국토의 계획 및 이용에 관한 법령상 개발행위에 대한 도시계획위원회의 심의를 거쳐야 하는 사항에 관한 조문의 일부이다. (   )에 들어갈 내용으로 각각 옳은 것은?

> 중앙도시계획위원회 심의를 거쳐야 하는 사항
> • 면적이 (ㄱ)제곱킬로미터 이상인 토지의 형질변경
> • 부피 (ㄴ)만 세제곱미터 이상의 토석채취

① ㄱ : 1, ㄴ : 30
② ㄱ : 2, ㄴ : 50
③ ㄱ : 1, ㄴ : 100
④ ㄱ : 3, ㄴ : 50
⑤ ㄱ : 3, ㄴ : 100

10. 국토의 계획 및 이용에 관한 법령상 개발밀도관리구역에 관한 설명 중 틀린 것은?

① 향후 2년 이내에 해당 지역의 학생수가 학교수용능력을 20% 이상 초과할 것으로 예상되는 지역은 개발밀도관리구역으로 지정할 수 있다.
② 개발밀도관리구역에서는 해당 용도지역에 적용되는 용적률의 최대한도의 50% 범위에서 용적률을 강화하여 적용한다.
③ 개발밀도관리구역을 지정하기 위해서는 지방도시계획위원회의 심의를 거쳐야 한다.
④ 개발밀도관리구역에 대하여는 기반시설의 변화가 있는 경우, 이를 주기적으로 검토하여 그 구역의 해제 등 필요한 조치를 취하여야 한다.
⑤ 개발밀도관리구역의 지정권자는 국토교통부장관이다.

11. 국토의 계획 및 이용에 관한 법령상 기반시설부담구역에서 기반시설설치비용의 산정에 사용되는 건축물별 기반시설유발계수가 다른 것은?

① 교육연구시설
② 종교시설
③ 문화 및 집회시설
④ 운수시설
⑤ 자원순환관련시설

12. 국토의 계획 및 이용에 관한 법령상 조례로 따로 정할 수 있는 것에 해당하지 않는 것은?(단, 조례에 대한 위임은 고려하지 않음)

① 도시·군관리계획 입안시 주민의 의견 청취에 필요한 사항
② 도시·군계획시설의 설치로 인하여 토지 소유권 행사에 제한을 받는 자에 대한 보상에 관한 사항
③ 대도시 시장이 지역여건상 필요하여 정하는 용도지구의 명칭 및 지정목적에 관한 사항
④ 기반시설부담구역별 특별회계 설치에 필요한 사항
⑤ 공동구의 점용료 또는 사용료 납부에 관한 사항

13. 도시개발법령상 개발계획 및 도시개발구역에 관한 설명으로 옳은 것은?

① 개발계획의 작성기준 및 방법은 시·도지사가 정한다.

② 계획관리지역에서는 도시개발구역을 지정한 후 개발계획을 수립할 수 없다.

③ 순환개발 등 단계적 사업추진이 필요한 경우 사업추진계획 등에 관한 사항은 도시개발구역 지정한 후에 개발계획에 포함할 수 있다.

④ 지정권자는 국가가 환지방식으로 사업을 시행하는 경우 개발계획을 수립하는 때 토지소유자 총수의 2분의 1 이상의 동의를 받아야 한다.

⑤ 330만m² 이상의 도시개발구역을 지정하는 경우에는 국토교통부장관이 지정한다.

14. 도시개발법령상 도시개발사업의 일부를 환지방식으로 시행하기 위하여 개발계획을 변경할 때 토지소유자의 동의가 필요한 경우는?(다만, 시행자는 국가나 지방자치단체가 아님)

① 너비가 10m인 도로를 신설하는 경우

② 도시개발구역의 명칭 변경

③ 기반시설을 제외한 도시개발구역의 용적률이 종전보다 100분의 5 미만 증가하는 경우

④ 수용예정인구가 종전보다 100분의 5 증가하여 3천5백명이 되는 경우

⑤ 보건의료시설면적 및 복지시설면적의 100분의 10 미만의 변경

15. 도시개발법령상 도시개발조합의 대의원회에서 총회의 권한을 대행할 수 있는 사유로 옳은 것은?(단, 경미한 사항은 고려하지 아니함)

① 정관의 변경
② 감사의 선임
③ 조합의 합병
④ 환지계획의 작성
⑤ 실시계획의 수립

16. 도시개발법상 도시개발채권에 관한 설명으로 틀린 것은?

① 도시개발채권은 시·도의 조례로 정하는 바에 따라 시·도지사가 발행한다.

② 도시개발채권의 소멸시효는 상환일로부터 원금 5년, 이자는 2년으로 한다.

③ 도시개발채권은 주식·사채 등의 전자등록에 관한 법률에 따라 전자등록하여 발행하거나 무기명증권으로 발행할 수 있다.

④ 도시개발채권의 이율은 발행자가 정한다.

⑤ 도시개발채권의 상환은 5년부터 10년까지 범위에서 지방자치단체의 조례로 정한다.

17. 도시개발법령상 토지 등을 수용 사용하는 방식으로 사업을 시행하는 경우, 조성토지의 공급을 추첨의 방법으로 분양할 수 있는 사유를 모두 고른 것은?(단, 법령의 단서는 고려하지 아니함)

> ㄱ. 토지상환채권에 의하여 상환하는 경우
> ㄴ. 330m² 이하 단독주택용지 및 공장용지
> ㄷ. 주택법에 따른 공공택지
> ㄹ. 주택법에 따른 국민주택규모 이하의 주택건설용지

① ㄱ, ㄴ, ㄷ, ㄹ   ② ㄱ, ㄴ, ㄷ   ③ ㄴ, ㄷ, ㄹ

④ ㄴ, ㄹ   ⑤ ㄷ, ㄹ

18. 도시개발법령상 청산금에 관한 설명으로 틀린 것은?(단, 환지대상에서 제외한 토지 등은 고려하지 아니함)

① 청산금은 환지처분을 하는 때에 결정한다.

② 청산금은 환지처분이 공고된 날이 끝나는 때에 확정된다.

③ 청산금은 이자를 붙여 분할징수하거나 분할교부 할 수 있다.

④ 청산금을 받을 자가 청산금을 받을 수 없으면 공탁할 수 있다.

⑤ 청산금을 받을 권리나 징수할 권리를 5년간 행사하지 아니하면 시효로 소멸한다.

19. 도시 및 주거환경정비법령상 정비기반시설이 아닌 것을 모두 고른 것은?(단, 주거환경개선사업을 위하여 지정·고시된 정비구역이 아님)

> ㄱ. 광장   ㄴ. 구거(溝渠)   ㄷ. 놀이터
> ㄹ. 녹지   ㅁ. 공동구   ㅂ. 마을회관

① ㄱ, ㄴ   ② ㄷ, ㅂ   ③ ㄹ, ㅁ

④ ㄹ, ㅂ   ⑤ ㅁ, ㅂ

20. 도시 및 주거환경정비법령상 정비구역에서 허가를 받아야 하는 행위와 그 구체적 내용을 옳게 연결한 것은?(단, 국토의 계획 및 이용에 관한 법률에 따른 개발 행위허가의 대상이 아닌 것을 전제로 함)

① 토석의 채취 : 정비구역의 개발에 지장을 주지 아니하고 자연경관을 손상하지 아니하는 범위에서의 토석의 채취

② 공작물의 설치 : 농림수산물의 생산에 직접 이용되는 것으로서 국토교통부령으로 정하는 간이공작물의 설치

③ 건축물의 건축 등 : 「건축법」 제2조 제1항 제2호에 따른 건축물(가설건축물을 포함한다)의 건축, 용도변경

④ 물건을 쌓아놓는 행위 : 정비구역에 존치하기로 결정된 대지에 물건을 쌓아놓는 행위

⑤ 죽목의 벌채 및 식재 : 관상용 죽목의 임시식재(경작지에서의 임시식재는 제외한다)

21. 도시 및 주거환경정비법령상 재개발사업의 시행자인 조합에 관한 설명으로 **틀린** 것은?

① 시장·군수 등이 정비사업에 대하여 공공지원을 하려는 경우에는 조합설립을 위한 추진위원회를 구성하지 아니할 수 있다.

② 조합설립을 위한 추진위원회를 구성하는 경우에는 시장·군수 등의 승인을 받아야 한다.

③ 조합은 법인으로 하고, 그 명칭에 "정비사업조합"이라는 문자를 사용하여야 한다.

④ 조합이 인가받은 사항을 변경하고자 하는 때에는 총회에서 조합원의 2분의 1 이상의 찬성으로 의결하고, 시장·군수 등의 인가를 받아야 한다.

⑤ 조합은 조합설립인가를 받은 날부터 30일 이내에 주된 사무소의 소재지에서 대통령령으로 정하는 사항을 등기하는 때에 성립한다.

22. 도시 및 주거환경정비법령상 정비계획 입안을 위하여 주민의견 청취절차를 거쳐야 하는 경우는?(단, 조례는 고려하지 않음)

① 정비사업시행 예정시기를 3년의 범위에서 조정하는 경우

② 건축물의 건폐율 또는 용적률을 축소하거나 20퍼센트 미만의 범위에서 확대하는 경우

③ 재난방지에 관한 계획을 변경하는 경우

④ 건축물의 최고 높이를 변경하는 경우

⑤ 정비구역의 면적을 10퍼센트 미만의 범위에서 변경하는 경우(정비구역을 분할, 통합 또는 결합하는 경우를 제외한다)

23. 도시 및 주거환경정비법령상 정비사업의 시행에 관한 설명으로 **틀린** 것은?

① 재건축사업은 조합이 조합원의 과반수의 동의를 받아 시장·군수 등과 공동으로 시행할 수 있다.

② 조합설립추진위원회도 개략적인 정비사업 시행계획서를 작성할 수 있다.

③ 토지등소유자가 20인 미만인 경우에는 토지등소유자가 직접 재개발사업을 시행할 수 없다.

④ 재개발사업은 정비구역에서 인가받은 관리처분계획에 따라 건축물을 건설하여 공급하거나 환지로 공급하는 방법으로 한다.

⑤ 조합이 사업시행자인 경우 시장·군수 등은 특별한 사유가 없으면 사업시행계획서의 제출이 있은 날부터 60일 이내에 인가 여부를 결정하여 사업시행자에게 통보하여야 한다.

24. 도시 및 주거환경정비법령상 관리처분계획에 포함되어야 할 사항에 해당하지 **않는** 것은?(단, 조례는 고려하지 않음)

① 분양대상자별 분양예정인 대지 또는 건축물의 추산액(임대관리 위탁주택에 관한 내용을 포함한다)

② 정비사업의 시행으로 인하여 새롭게 설치되는 정비기반시설의 명세와 용도가 폐지되는 정비기반시설의 명세

③ 분양대상자의 종전 토지 또는 건축물에 관한 소유권 외의 권리 명세

④ 세입자별 손실보상을 위한 권리명세 및 그 평가액

⑤ 정비사업비의 추산액(재건축사업의 경우에는 「재건축초과이익환수에 관한 법률」에 따른 재건축부담금에 관한 사항을 포함하지 아니한다) 및 그에 따른 조합원 분담규모 및 분담시기

25. 공동주택관리법 제35조에 따른 행위의 허가를 받거나 신고를 하고 설치하는 공동주택으로서 주택법령상 세대구분형 공동주택이 되기 위한 요건에 관한 설명으로 옳은 것은 모두 몇 개인가?

> ㄱ. 구분된 공간의 세대수는 기존 세대를 포함하여 2세대 이하일 것
> ㄴ. 세대별로 구분된 각각의 공간마다 별도의 욕실, 부엌과 구분 출입문을 설치할 것
> ㄷ. 세대구분형 공동주택의 세대수가 해당 주택단지 안의 공동주택 전체 세대수의 10분의 1과 해당 동의 전체 세대수의 3분의 1을 각각 넘지 않을 것. 다만, 시장·군수·구청장이 부대시설의 규모 등 해당 주택단지의 여건을 고려하여 인정하는 범위에서 세대수의 기준을 넘을 수 있다.
> ㄹ. 구조, 화재, 소방 및 피난안전 등 관계 법령에서 정하는 안전 기준을 충족할 것

① 없음   ② 1개   ③ 2개   ④ 3개   ⑤ 4개

26. 주택법령상 주택건설사업계획의 승인 등에 관한 설명으로 옳은 것은?

① 건축법령상 단독주택인 한옥인 경우 30호 이상의 건설사업을 시행하려는 자는 사업계획승인을 받아야 한다.

② 사업계획승인권자는 사업계획승인의 신청을 받았을 때에는 정당한 사유가 없으면 신청받은 날부터 60일 이내에 사업주체에게 승인 여부를 통보하여야 한다.

③ 주택건설사업을 시행하려는 자는 전체 세대수가 300세대 이상의 주택단지를 공구별로 분할하여 주택을 건설·공급할 수 있다.

④ 사업주체는 공사의 착수기간이 연장되지 않는 한 주택건설사업계획의 승인을 받은 날부터 3년 이내에 공사를 시작하여야 한다.

⑤ 사업계획승인의 조건으로 부과된 사항을 이행함에 따라 공사 착수가 지연되는 경우, 사업계획승인권자는 그 사유가 없어진 날부터 2년 범위에서 공사의 착수기간을 연장할 수 있다.

27. 주택법령상 주택의 부대시설이 아닌 것은?

① 경비실 및 자전거보관소
② 주택단지 안의 도로
③ 관리사무소
④ 안내표지판 및 공중화장실
⑤ 주민운동시설

28. 주택법령상 지역주택조합은 설립인가를 받은 후 조합원을 교체하거나 신규로 가입하게 할 수 없다. 다만, 다음에 해당하는 사유가 있는 경우에는 결원이 발생한 범위에서 충원할 수 있다. 다음 중 틀린 것은?

① 조합원의 사망
② 조합원이 무자격자로 판명되어 자격을 상실한 경우
③ 조합원의 탈퇴 등으로 조합원의 수가 주택건설예정세대수의 50% 미만이 되는 경우
④ 투기과열지구에서 건설·공급되는 주택의 입주자로 선정된 지위의 전매가 금지되는 경우로서 사업계획승인 이후에 입주자로 선정된 지위가 양도로 변경된 경우
⑤ 사업계획승인 과정 등에서 주택건설예정세대수가 변경되어 조합원 수가 변경된 세대수의 50% 미만이 되는 경우

29. 주택법령상 주택상환사채에 관한 설명으로 틀린 것은?

① 한국토지주택공사는 금융기관 또는 주택도시보증공사의 보증을 받은 경우에만 주택상환사채를 발행할 수 있다.
② 주택상환사채를 발행하려는 자는 발행계획을 수립하여 국토교통부장관의 승인을 받아야 한다.
③ 주택상환사채를 기명증권으로 하고, 액면 또는 할인의 방법으로 발행한다.
④ 주택상환사채의 상환기간은 3년을 초과할 수 없으며, 상환기간은 발행일부터 주택의 공급계약 체결일까지의 기간으로 한다.
⑤ 등록사업자의 등록이 말소된 경우에는 주택상환사채의 효력에는 영향을 미치지 아니한다.

30. 주택법령상 주택의 공급에 관한 설명으로 옳은 것은?

① 지방자치단체가 총지분의 100분의 60을 출자한 부동산투자회사가 사업주체로서 입주자를 모집하려는 경우에는 시장·군수·구청장의 승인을 받아야 한다.
② 주택의 사용검사 후 주택단지 내 일부의 토지의 소유권을 회복한 자에게 주택소유자들이 매도청구를 하려면 해당 토지의 면적이 주택단지 전체 대지면적의 5% 미만이어야 한다.
③ 시·도지사는 주택 가격상승률이 물가상승률보다 현저히 높은 지역으로서 주택가격이 급등하는 지역 중 대통령령으로 정하는 기준을 충족하는 지역은 주거정책심의위원회 심의를 거쳐 분양가상한제 적용 지역으로 지정할 수 있다.
④ 도시 및 주거환경정비법에 따른 공공재건축사업에서 건설·공급하는 주택인 경우 분양가상한제를 적용하지 아니한다.
⑤ 사업주체가 투기과열지구에서 건설·공급하는 주택의 입주자로 선정된 지위는 매매하거나 상속할 수 없다.

31. 주택법령상 투기과열지구의 지정 기준에 관한 조문의 일부이다. 다음 ( )에 들어갈 숫자를 옳게 연결한 것은?

> 1. 투기과열지구로 지정하는 날이 속하는 달의 바로 전달(이하에서 "투기과열지구지정직전월"이라 한다)부터 소급하여 주택공급이 있었던 (ㄱ)개월 동안 해당 지역에서 공급되는 주택의 월별 평균 청약경쟁률이 모두 (ㄴ)대 1을 초과하였거나 국민주택규모 주택의 월별 평균 청약경쟁률이 모두 10대 1을 초과한 곳
> 2. 다음 각 목의 어느 하나에 해당하여 주택공급이 위축될 우려가 있는 곳
>   가. 투기과열지구지정직전월의 주택분양실적이 전달보다 (ㄷ)% 이상 감소한 곳
>   나. 사업계획승인 건수나 건축법에 따른 건축허가 건수(투기과열지구지정직전월부터 소급하여 6개월 간의 건수를 말한다)가 직전 연도보다 급격하게 감소한 곳
> 3. 국토교통부장관은 해당 지역이 속하는 시·도별 주택보급률 또는 자가주택비율이 전국 평균 (ㄹ)인 지역을 투기과열지구로 지정할 수 있다.

① ㄱ: 2, ㄴ: 5, ㄷ: 30, ㄹ: 이하
② ㄱ: 2, ㄴ: 5, ㄷ: 30, ㄹ: 초과
③ ㄱ: 2, ㄴ: 10, ㄷ: 40, ㄹ: 초과
④ ㄱ: 6, ㄴ: 10, ㄷ: 30, ㄹ: 이하
⑤ ㄱ: 6, ㄴ: 10, ㄷ: 40, ㄹ: 이하

32. 건축법령상 용어에 관한 설명으로 틀린 것은?

① "고층건축물"이란 층수가 30층 이상이거나 높이가 120미터 이상인 건축물을 말한다.

② "초고층 건축물"이란 층수가 50층 이상이거나 높이가 200미터 이상인 건축물을 말한다.

③ "지하층"이란 건축물의 바닥이 지표면 아래에 있는 층으로서 바닥에서 지표면까지 평균높이가 해당 층 높이의 3분의 1 이상인 것을 말한다.

④ "거실"이란 건축물 안에서 거주, 집무, 작업, 오락, 그 밖에 이와 유사한 목적을 위하여 사용되는 방을 말한다.

⑤ "이전"이란 건축물의 주요구조부를 해체하지 아니하고 같은 대지의 다른 위치로 옮기는 것을 말한다.

33. 건축법령상 A시에 소재한 단독주택의 용도를 다음 각 시설의 용도로 변경하려는 경우, A시장의 허가를 받아야 하는 것을 모두 고른 것은?(단, 공용건축물에 대한 특례 및 조례는 고려하지 않음)

```
ㄱ. 제1종 근린생활시설
ㄴ. 공동주택
ㄷ. 업무시설
ㄹ. 공장
ㅁ. 노유자시설
```

① ㄱ, ㄴ, ㄷ   ② ㄱ, ㄹ, ㅁ   ③ ㄴ, ㄷ, ㅁ
④ ㄴ, ㄹ, ㅁ   ⑤ ㄷ, ㄹ, ㅁ

34. 건축법령상 허가대상 건축물이라 하더라도 건축신고를 하면 건축허가를 받은 것으로 보는 경우를 모두 고른 것은?

```
ㄱ. 연면적이 150m²이고 2층인 건축물의 대수선
ㄴ. 보를 5개 수선하는 것
ㄷ. 내력벽의 면적을 50m² 수선하는 것
ㄹ. 소규모 건축물로서 연면적의 합계가 150m² 건축물의 신축
ㅁ. 소규모 건축물로서 건축물의 높이를 5m 증축하는 건축물의 증축
```

① ㄱ, ㄴ, ㄷ   ② ㄱ, ㄷ, ㄹ   ③ ㄱ, ㄹ, ㅁ
④ ㄴ, ㄷ, ㄹ   ⑤ ㄴ, ㄷ, ㄹ, ㅁ

35. 건축법령상 건축허가에 관한 설명으로 옳은 것은?(단, 조례는 고려하지 않음)

① 21층 이상의 건축물을 특별시나 광역시에 건축하려면 국토교통부장관의 허가를 받아야 한다.

② 허가권자는 숙박시설에 해당하는 건축물의 건축을 허가하는 경우 해당 대지에 건축하려는 건축물의 용도·규모가 주거환경 등 주변 환경을 고려할 때 부적합하다고 인정되는 경우에는 건축위원회의 심의를 거치지 않고 건축허가를 하지 아니할 수 있다.

③ 허가권자는 허가를 받은 자가 허가를 받은 날부터 4년 이내에 공사가 착수하지 아니한 경우라도 정당한 사유가 있다고 인정되면 2년의 범위에서 공사 기간을 연장할 수 있다.

④ 주거환경이나 교육환경 등 주변 환경을 보호하기 위하여 도지사가 필요하다고 인정하여 지정·공고한 구역에 건축하는 위락시설에 해당하는 건축물의 건축을 시장·군수가 허가하려면 도지사의 승인을 받아야 한다.

⑤ 분양을 목적으로 하는 공동주택의 건축허가를 받으려는 자는 대지의 소유권을 확보하지 않아도 된다.

36. 건축법령상 다음에 해당하는 건축물의 설계자는 해당 건축물에 대한 구조의 안전을 확인하는 경우에는 건축구조기술사의 협력을 받아야 한다. 다음 중 틀린 것은?

① 3층 이상의 필로티형식 건축물

② 특수구조건축물

③ 다중이용건축물

④ 준다중이용건축물

⑤ 5층 이상인 건축물

37. 건축법상 층수에 관한 설명으로 틀린 것을 모두 고른 것은?

```
ㄱ. 지하층은 건축물의 층수에 산입하지 아니한다.
ㄴ. 층의 구분이 명확하지 아니한 건축물은 그 건축물 높이를 3m마다 하나의 층으로 산정한다.
ㄷ. 건축물이 부분에 따라 그 층수가 다른 경우에는 가중평균한 층수를 그 건축물 층수로 본다.
```

① ㄱ, ㄴ, ㄷ   ② ㄴ, ㄷ   ③ ㄷ
④ ㄱ, ㄷ   ⑤ ㄱ

38. 건축법령상 국토교통부장관이 특별건축구역으로 지정할 수 있는 것은?

① 도로법에 따른 접도구역

② 자연공원법에 따른 자연공원

③ 개발제한구역의 지정 및 관리에 관한 특별조치법에 따른 개발제한구역

④ 산지관리법에 따른 보전산지

⑤ 국가가 국제행사를 개최하는 도시의 사업구역

39. 농지법령상 농지소유상한에 관한 설명으로 옳은 것을 모두 고른 것은?(단, 임대 등의 특례는 고려하지 아니함)

> ㄱ. 상속으로 농지를 취득한 자로서 농업경영을 하는 자는 상속 농지 중 1만m²까지만 소유할 수 있다.
> ㄴ. 지방자치단체는 1만m²까지만 소유할 수 있다.
> ㄷ. 주말체험 영농을 하려는 자는 세대원 전부가 소유한 총면적이 1천m² 미만의 농업진흥지역 외의 농지를 소유할 수 있다.
> ㄹ. 8년 이상 영농한 후 이농한 자는 총 1만m²까지만 소유할 수 있다.

① ㄱ, ㄴ   ② ㄴ, ㄷ   ③ ㄷ, ㄹ

④ ㄱ, ㄷ   ⑤ ㄴ, ㄹ

40. 농지법령상 농지전용에 관한 설명으로 틀린 것은?

① 거짓이나 그 밖의 부정한 방법으로 전용허가를 받거나 신고한 것이 판명된 경우에는 전용허가를 취소하여야 한다.

② 농업진흥지역 안의 3천m² 이상 3만m² 미만의 농지의 전용을 하고자 하는 자는 시·도지사에게 농지전용허가를 받아야 한다.

③ 농지를 전용하려는 자는 농지보전부담금의 전부 또는 일부를 농지전용허가·농지전용신고 전까지 납부하여야 한다.

④ 도시지역 안에 있는 농지로서 주무부장관 또는 지방자치단체의 장이 농림축산식품부장관과 미리 전용협의를 거친 농지나 협의 대상에서 제외되는 농지는 전용허가 없이 전용할 수 있다.

⑤ 농지를 전용하고자 하는 자는 원칙적으로 농림축산식품부장관의 허가를 받아야 한다.

2023년도 제34회 시험대비 THE LAST 모의고사
최성진 부동산공법

회차	문제수	시험과목
1회	40	부동산공법

수험번호		성명	

【정답 및 해설】

부동산공법 중 부동산 중개에 관련되는 규정

1. ④	2. ④	3. ②	4. ④	5. ③	6. ⑤	7. ①	8. ①
9. ④	10. ①	11. ②	12. ⑤	13. ①	14. ⑤	15. ④	16. ④
17. ⑤	18. ①	19. ②	20. ⑤	21. ②	22. ③	23. ③	24. ④
25. ①	26. ④	27. ②	28. ②	29. ①	30. ③	31. ③	32. ⑤
33. ②	34. ⑤	35. ③	36. ③	37. ③	38. ②	39. ①	40. ④

〈시험 총평 및 학습방향〉

■ 출제유형 및 비중

지금까지 출제된 문제를 종합 분석하여 출제 예상되는 중요한 Key Point와 개정내용을 중심으로 실제 기출문제수준으로 구성하였습니다.

■ 난이도 및 학습상황별 예상점수

상급 : 13문제 중급 : 17문제 하급 : 10문제로 구성하여 50점 이상 득점이 가능하도록 실제시험 출제경향에 맞추어 구성하였습니다.

난이도 하[꼭 맞혀야 하는 문제]

난이도 중[합격보장문제]

난이도 상[고득점 보장문제와 틀려도 되는 문제]으로 분류합니다.

Tip 객관식 기술 1 − 찍는 것도 실력이다.
1. 객관식 찍을 때 꼭 참고하세요.
2. 한국산업인력공단의 시험출제 요강에는 정답지문을 ①,②,③,④,⑤번 각각 8개씩 배열을 원칙으로 한다.
3. 정확하게 일치하지는 않지만 7∼9개정도로 ①,②,③,④,⑤번 정답 숫자를 배열한다.
4. 부동산학개론 계산문제나 부동산공법의 틀려도 되는 문제를 찍을 때도 무작정 찍지 말고 정답수가 가장 적은 것 중심으로 찍는다.
5. 이번 모의고사도 실제 시험출제 경향을 고려하여 지문별 정답 수를 ① 8개, ② 8개, ③ 7개, ④ 8개, ⑤ 9개로 구성하였습니다.
6. 잘 활용하시어 여러분의 새로운 꿈이 더 이상 꿈이 아닌 현실이 되기를 소망합니다.

최근 기출문제 지문별 기출 정답 수

28회시험		29회시험		30회시험		31회시험		32회시험		33회시험	
①	7	①	7	①	8	①	8	①	9	①	8
②	8	②	8	②	8	②	8	②	8	②	9
③	8	③	8	③	8	③	8	③	8	③	9
④	8	④	8	④	8	④	9	④	7	④	7
⑤	9	⑤	9	⑤	8	⑤	7	⑤	7	⑤	7

1. ④ Key point **광역계획권의 조정신청** 난이도 中 [합격보장문제]

Tip 난이도 중[합격보장문제]를 80% 이상 맞추어야 합격점수가 나옵니다. 틀린문제는 꼭 오답정리 해주세요.

④ 광역도시계획을 공동으로 수립하는 시·도지사는 그 내용에 관하여 서로 협의가 이루어지지 아니하는 때에는 단독 또는 공동(단독 또는 공동이므로 하나만 있어도 옳은 문장이다)으로 국토교통부장관에게 조정을 신청할 수 있다.

① 광역계획권은 국토교통부장관 또는 도지사가 지정할 수 있다.

② 광역계획권을 지정한 날부터 3년이 지날 때까지 관할 시장 또는 군수로부터 광역도시계획의 승인 신청이 없는 경우에는 관할 도지사가 직접 광역도시계획을 수립하여야 한다.

③ 광역계획권이 2 이상의 시·도의 관할 구역에 속하여 있는 경우에는 관할 시·도지사가 공동으로 수립하여야 한다.

⑤ 국토교통부장관, 시·도지사, 시장 또는 군수가 기초조사정보체계를 구축한 경우에는 등록된 정보의 현황을 5년마다 확인하고 변동사항을 반영하여야 한다.

2. ④ Key point **도시·군기본계획의 기초조사 내용** 난이도 中 [합격보장문제]

① 도시·군기본계획의 수립단위기간은 법정되어 있지 않다. 도시·군기본계획은 장기적인[10년을 단위로 수립(×)] 발전방향을 제시하는 계획으로 도시·군관리계획입안의 지침이 되는 계획이다.

② 다른 법률에 따른 지역·지구 등의 지정으로 인하여 도시·군기본계획의 변경이 필요한 경우에는 토지적성평가를 하지 아니할 수 있다.

③ 도시지역일지라도 수도권에 속하지 아니하고 광역시와 경계를 같이하지 아니한 시 또는 군으로서 인구 10만명 이하인 시 또는 군이나 관할 구역 전부에 대하여 광역도시계획이 수립되어 있는 시 또는 군으로서 해당 광역도시계획에 도시·군기본계획의 내용이 모두 포함되어 있는 시 또는 군지역에 대하여는 도시·군기본계획을 수립하지 아니할 수 있다.

⑤ 도시·군기본계획은 여건변화에 탄력적으로 대응할 수 있도록 포괄적이고 개략적으로 수립하도록 할 것

3. ② Key point **도시·군관리계획의 내용** 난이도 上 [틀려도 되는 문제]

Tip 부동산 공법문제에서 몇 개하는 문제는 무조건 pass
그리고 나중에 틀려도 되는 문제를 찍을 때도 무작정 찍지 말고 정답수가 가장 적은 것 중심으로 찍습니다.
해설지의 객관식 기술 tip을 꼭 읽어주세요.

옳은 지문은 ㄱ, ㄴ, ㅁ, ㅂ, ㅇ이다.

ㄱ. 도시 및 주거환경정비법에 의한 정비사업에 관한 계획은 도시·군관리계획의 내용이다.

ㄴ. 공원·녹지·유원지 등의 공간시설의 설치에 관한 계획은 기반시설의 설치·정비 또는 개량에 관한 계획으로 도시·군관리계획의 내용이다.

ㅁ. 입지규제최소구역을 지정하는 계획은 용도구역을 지정하는 계획으로 도시·군관리계획의 내용이다.

ㅂ. 지구단위계획의 수립에 관한 계획은 도시·군관리계획의 내용이다.

ㅇ. 개발진흥지구의 변경에 관한 계획은 용도지구를 변경하는 계획으로 도시·군관리계획의 내용이다.

ㄷ. 기반시설부담구역은 계획파트의 내용이 아니라 이용·개발파트의 내용이므로 도시·군관리계획의 내용이 아니다.

ㄹ. 농업진흥지역은 용도지역이 아니라 농지법의 내용이다. 주의할 것은 농림지역의 지정은 도시·군관리계획의 내용이다.

ㅅ. 개발밀도관리구역은 계획파트의 내용이 아니라 이용·개발파트의 내용이므로 도시·군관리계획의 내용이 아니다.

ㅈ. 성장관리계획구역의 지정에 관한 계획은 도시·군관리계획의 내용이 아니다.

■ 도시·군관리계획의 내용

1. 용도지역·용도지구의 지정 또는 변경에 관한 계획
2. 개발제한구역·시가화조정구역·수산자원보호구역·도시자연공원구역의 지정 또는 변경에 관한 계획
3. 기반시설의 설치·정비 또는 개량에 관한 계획
4. 도시개발사업이나 정비사업에 관한 계획
5. 지구단위계획구역의 지정 또는 변경에 관한 계획과 지구단위계획
6. 입지규제최소구역의 지정 또는 변경에 관한 계획과 입지규제최소구역계획

4. ④ Key point **용도지역의 용적률** 난이도 下 [꼭 맞혀야 하는 문제]

Tip 난이도 하 [꼭 맞혀야 하는 문제]는 한 문제도 실수하지 않아야 합격점수가 나옵니다. 틀린문제는 꼭 오답정리 해주세요.

④ 준주거지역 = 500%

① 제1종 전용주거지역 = 100%

② 준공업지역 = 400%

③ 일반공업지역 = 350%

⑤ 제3종 일반주거지역 = 300%

---

5. ③ `Key point` **관리지역에서 용도지역 지정특례** 난이도 中 [합격보장문제]

`Tip` 부동산 공법문제의 특징 중 하나가 지문 내용이 중급, 상급의 문제이나 정답이 하급인 문제입니다.

① 도시지역·관리지역·농림지역 또는 자연환경보전지역으로 용도가 지정되지 아니한 지역에 대하여는 건폐율에 대하여는 <u>자연환경보전지역</u>에 관한 규정을 적용한다.

② 도시지역이 세부 용도지역으로 지정되지 아니한 경우 용적률에 대하여는 <u>보전녹지지역</u>에 관한 규정을 적용한다.

④ 공유수면의 매립목적이 그 매립구역과 이웃하고 있는 용도지역의 내용과 같으면 그 매립구역이 속할 용도지역은 이와 <u>이웃하고 있는 용도지역</u>으로 지정된 것으로 본다.

⑤ 택지개발촉진법에 의한 택지개발지구로 지정·고시된 지역은 국토의 계획 및 이용에 관한 법률에 따른 도시지역으로 결정·고시된 것으로 본다.

---

6. ⑤ `Key point` **집단취락지구의 의의** 난이도 下 [꼭 맞혀야 하는 문제]

`Tip` 부동산 공법문제의 특징 중 하나가 지문의 일부내용이 중급, 상급의 문제이나 정답이 하급인 문제가 많이 있으니 꼭 맞혀주세요.

⑤ 개발제한구역 안의 취락을 정비하기 위해 필요한 지구는 집단취락지구이다.

---

7. ① `Key point` **도시계획위원회** 난이도 上 [틀려도 되는 문제]

`Tip` 부동산 공법문제에서 모르는 문제인 틀려도 되는 문제는 무조건 pass 그리고 나중에 틀려도 되는 문제를 찍을 때도 무작정 찍지 말고 정답수가 가장 적은 것 중심으로 찍습니다.

② 시·도도시계획위원회의 위원장은 위원 중에서 해당 시·도지사가 임명 또는 위촉하며, <u>부위원장은 위원 중에서 호선</u>한다.

③ 시·도도시계획위원회는 위원장 및 부위원장 각 1명을 포함한 <u>25명 이상 30명 이하</u>의 위원으로 구성한다.

④ 시·군·구도시계획위원회에는 분과위원회를 둘 수 있다.

⑤ 중앙도시계획위원회 회의록은 심의 종결 후 <u>6개월</u> 이내에 공개 요청이 있는 경우 공개하여야 한다(열람 또는 <u>사본</u>을 제공하는 방법으로 한다).

---

8. ① `Key point` **공동구의 설치 비용** 난이도 上 [고득점 보장문제]

`Tip` 부동산 공법문제에서 고득점 보장문제는 풀 수는 있으나 매우 어려운 문제이니 나중에 시간이 여유 있으면 푸는 문제입니다.
나중에 시간이 부족해서 찍을 때도 무작정 찍지 말고 정답수가 가장 적은 것 중심으로 찍습니다.

② 도시·군계획시설사업이 둘 이상의 지방자치단체의 관할 구역에 걸쳐 시행되는 경우, 사업시행자에 대한 협의가 성립되지 아니하는 경우 도시·군계획시설사업을 시행하려는 구역이 <u>같은 도의 관할 구역에 속하는 경우에는 관할 도지사</u>가 시행자를 지정하고, 둘 이상의 시·도의 관할 구역에 걸치는 경우에는 국토교통부장관이 시행자를 지정한다.

③ 행정청인 도시·군계획시설사업의 시행자는 지방자치단체가 도시·군계획시설사업으로 현저한 이익을 받았을 때에는 그 지방자치단체와 협의하여 그 도시·군계획시설사업에 소요된 비용의 일부를 그에게 부담시킬 수 있다. 그러나 <u>행정청이 아닌 시행자</u>는 비용을 지방자치단체에게 부담시킬 수 없다.

④ 도시·군계획시설사업의 시행자의 처분에 대하여는 행정심판법에 의하여 행정심판을 제기할 수 있다. 이 경우 행정청이 아닌 시행자의 처분에 대하여는 <u>그 시행자를 지정한 자</u>에게 행정심판을 제기하여야 한다.

---

⑤ <u>실시계획의 고시가 있은 때에는</u> 공익사업을 위한 토지 등의 취득 및 보상에 관한 법률에 의한 사업인정 및 고시가 있었던 것으로 본다.

---

9. ④ `Key point` **도시·군계획시설 부지의 매수청구** 난이도 中 [합격보장문제]

④ 매수의무자가 매수하지 아니하기로 결정한 경우 매수청구권자는 개발행위허가를 받아 3층 이하의 단독주택(다가구주택×, 다중주택×), 제1종 근린생활시설, 제2종 근린생활시설(단란주점, 안마시술소, 노래연습장, 다중생활시설은 제외)의 건축과 공작물을 축조할 수 있다.

`Tip` 도시·군계획시설 부지의 매수청구에서 개발행위허가를 받아 설치하는 3층 이하의 단독주택(다가구주택×, 다중주택×)은 좁은 의미의 단독주택입니다.

다가구주택이나 다중주택은 개발행위허가를 받아 설치할 수 없다.
다가구주택이나 다중주택은 넓은 의미의 단독주택이다.

- 좁은 의미의 단독주택 : 단독주택
- 넓은 의미의 단독주택 : 단독주택, 다가구주택, 다중주택, 공관

---

10. ① `Key point` **지구단위계획구역의 의무적 지정대상지역** 난이도 下 [꼭 맞혀야 하는 문제]

① 개발제한구역에서 해제되는 구역 중 계획적인 개발 또는 관리가 필요한 지역은 <u>지정하여야 하는 지역(의무적 지정대상)이 아니라 지구단위계획구역으로 지정할 수 있다.</u>

※ 개발제한구역에서 해제되는 구역과 도시개발구역은 규모나 기간에 관계 없이 지구단위계획구역으로 지정할 수 있다.

---

11. ② `Key point` **개발행위허가대상** 난이도 中 [합격보장문제]

① 경작을 위한 토지의 형질변경은 허가를 받지 아니하나, 지목변경을 수반하는 경우는 허가를 받아야 하며, <u>전·답사이의 지목변경은 허가를 받지 아니한다.</u> 도시·군계획사업에 의하는 개발행위를 하고자 하는 자는 특별시장·광역시장·특별자치시장·특별자치도지사·시장 또는 군수의 허가를 받지 아니한다.

③ 기반시설부담구역으로 지정된 지역에서는 <u>최장 5년</u> 동안 개발행위허가를 제한할 수 있다.

④ 성장관리계획이나 지구단위계획을 수립한 지역에서 부피 3만m³ 이상의 토석채취는 도시계획위원회의 심의를 거치지 아니한다.

⑤ 개발행위허가를 받은 부지면적 또는 건축물 연면적을 5% 범위 안에서 축소하는 경우에는 경미한 변경에 해당하여 별도의 변경허가를 받을 필요가 없으며, 경미한 사항을 변경한 때에는 지체 없이 그 사실을 특별시장·광역시장·특별자치시장·특별자치도지사·<u>시장 또는 군수</u>에게 알려야 한다. 그러나 확대하는 경우에는 변경허가를 받아야 한다.

---

12. ⑤ `Key point` **기반시설설치비용 납부** 난이도 中 [합격보장문제]

① 전년도 개발행위허가 건수가 전전년도 개발행위허가 건수보다 20% 이상 증가한 지역은 <u>기반시설부담구역</u>으로 지정하여야 한다.

② 개발밀도관리구역을 지정 또는 변경하려면 주민의 의견청취는 없고, 지방도시계획위원회의 심의를 거쳐 이를 고시하여야 한다.

③ 기반시설부담구역의 지정·고시일로부터 1년이 되는 날까지 기반시설설치계획을 수립하지 아니하면 그 1년이 되는 날의 다음 날에 기반시설부담구역의 지정은 해제된 것으로 본다.

④ <u>고등교육법에 따른 학교(= 대학)</u>는 기반시설부담구역에 설치가 필요한 <u>기반시설</u>에 해당하지 않는다.

13. ① `Key point` **도시개발구역을 지정한 후에 개발계획 수립**

난이도 下 [꼭 맞혀야 하는 문제]

① 해당 도시개발구역에 포함되는 주거지역이 전체 도시개발구역 지정 면적의 100분의 40인 지역이 아니라 면적의 100분의 30 이하인 지역은 도시개발구역으로 지정할 때 도시개발구역을 지정한 후에 개발계획을 수립할 수 있다.

해당 도시개발구역에 포함되는 주거지역·상업지역·공업지역의 면적 합계가 전체 도시개발구역 지정 면적의 30% 이하인 지역이다.

다음의 지역에 도시개발구역을 지정할 때 도시개발구역을 지정한 후에 개발계획 수립할 수 있다.

> 1. 자연녹지지역
> 2. 생산녹지지역(생산녹지지역이 도시개발구역 지정면적의 30% 이하인 지역)
> 3. 도시지역 외의 지역(관리지역, 농림지역, 자연환경보전지역)
> 4. 국토교통부장관이 지역균형발전을 위하여 관계 중앙행정기관의 장과 협의하여 도시개발구역으로 지정하려는 지역(자연환경보전지역은 제외한다)
> 5. 해당 도시개발구역에 포함되는 주거지역·상업지역·공업지역의 면적 합계가 전체 도시개발구역 지정 면적의 30% 이하인 지역
> 6. 개발계획 공모시

14. ⑤ `Key point` **도시개발구역 해제의 효과 – 용도지역 등의 환원**

난이도 中 [합격보장문제]

⑤ ② 원칙적으로 도시개발구역이 지정·고시된 경우 해당 도시개발구역은 도시지역과 지구단위계획구역으로 결정·고시된 것으로 본다. 그러나, 취락지구에 도시개발구역이 지정·고시된 경우 그 도시개발구역은 도시지역과 지구단위계획구역으로 결정·고시된 것으로 보지 아니한다.
① 도시개발조합은 도시개발구역의 지정을 제안할 수 없다.
③ 지정권자는 도시개발사업을 환지방식으로 시행하려고 개발계획을 수립하거나 변경할 때에 도시개발사업의 시행자가 국가인 경우에는 토지소유자의 동의를 받을 필요가 없다.
④ 도시개발구역이 지정·고시된 날부터 3년이 되는 날까지 실시계획의 인가 신청이 없는 경우 3년이 되는 날의 다음 날에 해당 구역이 해제된 것으로 본다.

15. ④ `Key point` **도시개발사업의 시행 – 환지계획의 인가권자**

난이도 上 [고득점 보장문제]

④ 행정청이 아닌 시행자가 작성한 환지계획의 인가는 특별자치도지사, 시장·군수 또는 구청장이다.
①, ②, ③, ⑤ 지정권자(국토교통부장관, 시·도지사, 대도시 시장)가 권한자이다.

16. ④ `Key point` **신탁업자와 신탁계약을 체결할 수 있는 자**

난이도 上 [틀려도 되는 문제]

④ 다음에 해당하는 시행자는 지정권자의 승인을 받아 자본시장과 금융투자업에 관한 법률에 따른 신탁업자와 신탁계약을 체결하여 도시개발사업을 시행할 수 있다.

> 1. 토지소유자 : 도시개발구역의 토지소유자(「공유수면 관리 및 매립에 관한 법률」 제28조에 따라 면허를 받은 자를 해당 공유수면을 소유한 자로 보고 그 공유수면을 토지로 보며, 제21조에 따른 수용 또는 사용 방식의 경우에는 도시개발구역의 국공유지를 제외한 토지면적의 3분의 2 이상을 소유한 자를 말한다)

> 2. 도시개발조합 : 도시개발구역의 토지소유자(「공유수면 관리 및 매립에 관한 법률」 제28조에 따라 면허를 받은 자를 해당 공유수면을 소유한 자로 보고 그 공유수면을 토지로 본다)가 도시개발을 위하여 설립한 조합(도시개발사업의 전부를 환지 방식으로 시행하는 경우에만 해당하며, 이하 "조합"이라 한다)
> 3. 수도권 외의 지역으로 이전하는 법인 : 「수도권정비계획법」에 따른 과밀억제권역에서 수도권 외의 지역으로 이전하는 법인 중 과밀억제권역의 사업 기간 등 대통령령으로 정하는 요건에 해당하는 법인
> 4. 등록사업자 : 「주택법」 제4조에 따라 등록한 자 중 도시개발사업을 시행할 능력이 있다고 인정되는 자로서 대통령령으로 정하는 요건에 해당하는 자(「주택법」 제2조 제12호에 따른 주택단지와 그에 수반되는 기반시설을 조성하는 경우에만 해당한다)
> 5. 건설업자 : 「건설산업기본법」에 따른 토목공사업 또는 토목건축공사업의 면허를 받는 등 개발계획에 맞게 도시개발사업을 시행할 능력이 있다고 인정되는 자로서 대통령령으로 정하는 요건에 해당하는 자

17. ⑤ `Key point` **조성토지 등의 가격평가**

난이도 中 [합격보장문제]

① 지방공사 등 공적주체인 시행자는 동의를 받지 아니한다. 단, 조합을 제외한 민간시행자가 동의를 받아야 한다.
② 공익사업을 위한 토지 등의 취득 및 보상에 관한 법률을 준용함에 있어서 수용·사용할 토지 등의 세부목록을 고시한 경우에는 사업인정 및 그 고시가 있었던 것으로 본다.
③ 시행자는 토지소유자가 원하는 경우에는 토지 등의 매수대금의 일부를 지급하기 위하여 지정권자의 승인을 받아 사업시행으로 조성된 토지·건축물로 상환하는 채권을 발행할 수 있다.
④ 330m² 이하의 단독주택용지, 국민주택규모 이하의 주택건설용지, 공공택지 및 공장용지에 대하여는 추첨의 방법으로 분양할 수 있다.

18. ① `Key point` **도시개발사업의 시행 – 신청 또는 동의에 의한 환지부지정**

난이도 中 [합격보장문제]

② 시행자는 도시개발사업의 원활한 시행을 위하여 특히 필요한 때에는 토지 또는 건축물소유자의 신청을 받아 입체환지를 할 수 있다.
③ 환지계획의 작성에 따른 환지계획의 기준, 보류지의 책정 기준 등에 관하여 필요한 사항은 국토교통부령으로 정할 수 있다.
④ 도시개발사업의 시행자는 체비지의 용도로 환지예정지가 지정된 때에는 도시개발사업에 소요되는 비용을 충당하기 위하여 이를 사용·수익·처분할 수는 있으며, 이미 처분된 체비지는 그 체비지를 매입한 자가 소유권이전등기를 마친 때에 소유권을 취득한다.
⑤ 환지를 정한 경우 그 과부족분에 대한 청산금은 환지처분을 하는 때에 결정하여야 하며, 환지처분이 공고된 날의 다음 날에 확정된다.

19. ② `Key point` **재건축사업의 의의**

난이도 下 [꼭 맞혀야 하는 문제]

② 재건축사업은 정비기반시설은 양호하나 노후·불량건축물에 해당하는 공동주택이 밀집한 지역에서 주거환경을 개선하기 위한 사업이다.
재개발사업은 정비기반시설이 열악하고 노후·불량건축물이 밀집한 지역에서 주거환경을 개선하거나 상업지역·공업지역 등에서 도시기능의 회복 및 상권활성화 등을 위하여 도시환경을 개선하기 위한 사업이다.

20. ⑤ `Key point` **도시·주거환경정비기본계획의 내용**   난이도 上 [틀려도 되는 문제]

⑤ ㄱ, ㄴ, ㄷ, ㄹ 모두 도시·주거환경정비기본계획에 포함되어야 할 사항이다.

▎도시·주거환경정비기본계획의 내용

> 1. 정비사업의 기본방향
> 2. 정비사업의 계획기간
> 3. 주거지 관리계획
> 4. 토지이용계획·사회복지시설 및 주민문화시설 등의 설치계획
> 5. 정비기반시설계획·공동이용시설설치계획 및 교통계획
> 6. 정비구역으로 지정할 예정인 구역(정비예정구역)의 개략적 범위
> 7. 단계별 정비사업추진계획(정비예정구역별 정비계획의 수립시기 포함)
> 8. 건폐율·용적률 등에 관한 건축물의 밀도계획
> 9. 녹지·조경·에너지공급·폐기물처리 등에 관한 환경계획

21. ② `Key point` **정비구역에서 개발행위허가사항**   난이도 下 [꼭 맞혀야 하는 문제]

ㄱ. 경작을 위한 토지의 형질변경은 허가를 받지 아니하고 할 수 있다.
ㄴ. 이동이 용이하지 아니한 물건을 1개월 이상 쌓아놓는 행위는 시장·군수 등에게 허가를 받아야 한다.
ㄷ. 토석의 채취는 시장·군수 등에게 허가를 받아야 한다.
ㄹ. 관상용 죽목의 경작지에서 임시식재는 시장·군수 등에게 허가를 받아야 한다.

22. ③ `Key point` **정관 변경을 위하여 조합원 3분의 2 이상 동의가 필요한 사항**   난이도 上 [고득점 보장문제]

③ 정관을 변경하기 위하여 조합원 3분의 2 이상의 동의가 필요한 사항은 ㄴ, ㄷ, ㄹ, ㅁ이다.
ㄱ. 조합의 명칭 및 사무소의 소재지를 변경하는 정관을 변경하는 경우에는 총회를 개최하여 조합원 과반수 찬성으로 시장·군수 등의 인가를 받아야 한다.

▎정관을 변경하기 위하여 조합원 3분의 2 이상의 동의

> 1. 조합원의 자격에 관한 사항
> 2. 조합원의 제명 탈퇴 및 교체에 관한 사항
> 3. 조합의 비용부담 및 조합의 회계
> 4. 정비구역의 위치 및 면적
> 5. 정비사업비의 부담시기 및 절차
> 6. 정비사업의 시공자·설계자의 선정 및 계약서에 포함될 내용

23. ③ `Key point` **주거환경개선사업의 특례**   난이도 中 [합격보장문제]

① 사업시행자는 재건축사업이 아니라 주거환경개선사업 및 재개발사업의 시행으로 철거되는 주택의 소유자 또는 세입자에 대하여 임대주택 등의 시설에 임시로 거주하게 하거나 주택자금의 융자알선 등 임시거주에 상응하는 조치를 하여야 한다.
② 지방자치단체는 사업시행자로부터 임시거주시설에 필요한 토지의 사용신청을 받은 때에는 제3자와 이미 매매계약을 체결한 경우에는 그 사용을 거절할 수 있다.
④ 재개발사업의 사업시행자는 사업시행으로 이주하는 상가세입자가 사용할 수 있도록 정비구역 또는 정비구역의 인근에 임시상가를 설치할 수 있다.
⑤ 주거환경개선사업이 자력개량방법 또는 환지방법으로 시행되는 경우에는 제2종 일반주거지역으로 결정·고시된 것으로 본다.

24. ④ `Key point` **관리처분계획의 작성기준**   난이도 中 [합격보장문제]

④ 투기과열지구 또는 조정대상지역이 아닌 수도권정비계획법의 과밀억제권역에 위치하는 재건축사업의 경우에는 1세대가 수개의 주택을 소유한 경우에는 3주택까지 공급할 수 있다.

25. ① `Key point` **주택단지**   난이도 下 [꼭 맞혀야 하는 문제]

폭 12m의 일반도로로 분리된 주택단지는 하나의 주택단지로 본다. 폭 20m 이상인 일반도로로 분리된 주택단지는 각각 별개의 주택단지로 본다.
주택건설사업계획 또는 대지조성사업계획의 승인을 받아 주택과 그 부대시설 및 복리시설을 건설하거나 대지를 조성하는 데 사용되는 일단의 토지를 말한다. 다만, 다음으로 분리된 토지는 각각 별개의 주택단지로 본다.

> 1. 철도·고속도로·자동차전용도로, 폭 20m 이상인 일반도로
> 2. 폭 8m 이상인 도시·군계획예정도로
> 3. 도로법에 따른 일반국도·특별시도·광역시도 또는 지방도

26. ② `Key point` **리모델링**   난이도 中 [합격보장문제]

② 「주택법」에 의한 사용검사일부터 15년이 지난 공동주택을 각 세대의 주거전용면적의 30% 이내에서 증축할 수 있다.

27. ② `Key point` **지역주택조합의 설립인가신청을 위하여 제출하여야 하는 서류**   난이도 上 [틀려도 되는 문제]

고용자가 확인하는 근무확인서는 직장주택조합의 경우만 해당한다.
지역주택조합 또는 직장주택조합의 설립·변경 또는 해산의 인가를 받으려는 자는 신청서에 다음의 구분에 따른 서류를 첨부하여 주택건설대지를 관할하는 특별자치시장, 특별자치도지사, 시장, 군수 또는 구청장(구청장은 자치구의 구청장을 말하며, 이하 "시장·군수·구청장"이라 한다)에게 제출해야 한다.

> 1. 설립인가의 경우
>   ① 창립총회 회의록
>   ② 조합장선출동의서
>   ③ 조합원 전원이 자필로 연명한 조합규약
>   ④ 조합원 명부
>   ⑤ 사업계획서
>   ⑥ 해당 주택건설대지의 80% 이상에 해당하는 토지의 사용권원을 확보하였음을 증명하는 서류
>   ⑦ 해당 주택건설대지의 15% 이상에 해당하는 토지의 소유권을 확보하였음을 증명하는 서류
>   ⑧ 고용자가 확인하는 근무확인서(직장주택조합의 경우만 해당한다)
>   ⑨ 조합원 자격이 있는 자임을 확인하는 서류
> 2. 변경인가의 경우 : 변경의 내용을 증명하는 서류
> 3. 해산인가의 경우 : 조합해산의 결의를 위한 총회의 의결정족수에 해당하는 조합원의 동의를 받은 정산서

28. ② `Key point` **사업계획승인권자**   난이도 中 [합격보장문제]

② C광역시의 D구에서 대지면적이 5만m²인 대지조성사업을 시행하는 등록사업자는 C광역시장에게 사업계획의 승인을 받아야 한다.

■ **사업계획승인권자**

> (1) 원칙 : 시·도지사, 시장·군수
> ① 대지면적이 10만㎡ 이상인 경우 : 시·도지사 또는 대도시 시장
> ② 대지면적이 10만㎡ 미만인 경우 : 특별시장·광역시장·특별자치시장·특별자치도지사·시장 또는 군수
> (2) 예외 : 국토교통부장관(국가·한국토지주택공사 등이 시행하는 경우)

29. ① **Key point 저당권 설정 등을 제한**　　난이도 下 [꼭 맞혀야 하는 문제]

① 주택조합인 사업주체는 사업계획승인 신청일 이후부터 입주예정자가 그 주택 및 대지의 소유권이전등기를 신청할 수 있는 날 이후 60일까지의 기간 동안 입주예정자의 동의 없이는 저당권 등 담보물권을 설정하는 행위를 하여서는 아니 된다.
③ 주택조합을 제외한 사업주체가 해당한다.

30. ③ **Key point 종합문제**　　난이도 上 [고득점 보장문제]

옳은 것은 ㄴ, ㄷ, ㅁ이다.
ㄱ. 민영주택이란 국민주택을 제외한 주택을 말한다.
ㄹ. 국가, 한국토지주택공사가 주택법상 주택사업을 시행하는 경우에 국토교통부장관의 사용검사를 받아야 한다.

> **Tip** ㅁ. 국가·지방자치단체·한국토지주택공사 및 지방공사인 사업주체가 국민주택을 건설하거나 국민주택을 건설하기 위한 대지를 조성하는 경우에는 토지나 토지에 정착한 물건 및 그 토지나 물건에 관한 소유권 외의 권리를 수용 또는 사용할 수 있다.

31. ③ **Key point 전매제한**　　난이도 中 [합격보장문제]

① 질병치료·취학·결혼으로 세대원 전원이 서울특별시로 이전하는 경우에는 전매할 수 없다.
② 상속에 의하여 취득한 주택으로 세대원 전원이 이전하는 경우에는 전매할 수 있다.
④ 세대원 전원이 해외로 이주하거나 2년 이상의 기간 동안 해외에 체류하고자 하는 경우에는 전매할 수 있다.
⑤ 입주자로 선정된 지위 또는 주택의 일부를 그 배우자에게 증여하는 경우에는 전매할 수 있다.

■ **전매제한 특례**

> ▶ 사업주체의 동의 받아 전매할 수 있다. 다만, 주택을 공급받은 자가 전매하는 경우에는 한국토지주택공사가 그 주택을 우선 매입할 수 있다.
> 1. 세대원이 근무 또는 생업상의 사정이나 질병치료·취학·결혼으로 인하여 세대원 전원이 다른 광역시, 특별자치시, 특별자치도, 시 또는 군(광역시의 군을 제외)으로 이전하는 경우로 이전하는 경우. 다만, 수도권 안에서 이전하는 경우를 제외한다.
> 2. 상속에 의하여 취득한 주택으로 세대원 전원이 이전하는 경우
> 3. 세대원 전원이 해외로 이주하거나 2년 이상의 기간 동안 해외에 체류하고자 하는 경우
> 4. 이혼으로 인하여 입주자로 선정된 지위 또는 주택을 그 배우자에게 이전하는 경우
> 5. 이주대책용 주택을 공급받은 경우로서 시장·군수 또는 구청장이 확인하는 경우

> 6. 국가·지방자치단체에 대한 채무를 이행하지 못하여 경매·공매가 시행되는 경우
> 7. 입주자로 선정된 지위 또는 주택의 일부를 그 배우자에게 증여하는 경우
> 8. 실직·파산 또는 신용불량으로 경제적 어려움이 발생한 경우

32. ⑤ **Key point 건축법 적용대상지역**　　난이도 下 [꼭 맞혀야 하는 문제]

⑤ 지구단위계획구역이 아닌 농림지역으로서 동이나 읍이 아닌 지역에서는 건축법상 건축물의 건폐율, 용적률, 높이제한 등은 적용한다.
지구단위계획구역이 아닌 도시지역 외의 동 또는 읍의 지역(섬의 경우에는 인구가 500명 미만인 경우)에서 건축법의 규정을 적용하지 않는 규정은 다음과 같다.

> 1. 대지와 도로의 관계
> 2. 도로의 지정·폐지 또는 변경
> 3. 건축선의 지정
> 4. 건축선에 따른 건축제한
> 5. 방화지구 안의 건축물
> 6. 대지의 분할제한

33. ② **Key point 총칙, 건축, 대수선 - 용도분류**　　난이도 上 [틀려도 되는 문제]

② 연면적이 500제곱미터 이상인 목구조 건축물을 건축하고자 하는 자는 사용승인을 받는 즉시 내진능력을 공개하여야 한다.
건축물의 내진능력 공개 : 다음에 해당하는 건축물을 건축하고자 하는 자는 사용승인을 받는 즉시 건축물이 지진 발생시에 견딜 수 있는 능력(이하 '내진능력'이라 한다)을 공개하여야 한다. 다만, 구조안전 확인 대상 건축물이 아니거나 내진능력 산정이 곤란한 건축물로서 대통령령으로 정하는 건축물은 공개하지 아니한다.

> 1. 층수가 2층[주요구조부인 기둥과 보를 설치하는 건축물로서 그 기둥과 보가 목재인 목구조 건축물(이하 "목구조 건축물"이라 한다)의 경우에는 3층] 이상인 건축물
> 2. 연면적이 200제곱미터(목구조 건축물의 경우에는 500제곱미터) 이상인 건축물
> 3. 그 밖에 건축물의 규모와 중요도를 고려하여 대통령령으로 정하는 건축물

34. ⑤ **Key point 건축허가거부**　　난이도 上 [고득점 보장문제]

① 사전결정신청자는 사전결정을 통지받은 날부터 2년 이내에 건축허가를 신청하지 아니하는 경우에는 사전결정의 효력이 상실된다.
② 광역시에서 21층 이상 또는 연면적 합계 10만㎡ 이상인 공장, 창고의 건축허가권자는 구청장이다.
③ 허가권자는 건축허가를 받은 자가 그 허가를 받은 날부터 2년 이내에 공사를 착수하지 않거나 공사를 착수하였으나 공사의 완료가 불가능하다고 인정하는 경우에는 허가를 취소하여야 한다.
④ 특별시장·광역시장·도지사는 지역계획 또는 도시·군계획상 특히 필요하다고 인정하는 경우 시장·군수·구청장의 건축허가나 허가받은 건축물의 착공을 제한할 수 있다.
국토교통부장관은 주무부장관이 국방·문화재보전·환경보전 또는 국민 경제상 특히 필요하다고 인정하여 요청하는 경우에는 허가권자의 건축허가를 제한할 수 있다.

35. ⑤ | Key point | **대지와 도로 – 건축선**   난이도 中 [합격보장문제]

① 공개공지의 면적은 대지면적의 100분의 10 이하의 범위에서 건축조례로 정한다.

② 건축물의 대지는 2m 이상이 도로(자동차만의 통행에 사용되는 도로는 제외)에 접하여야 한다.

③ 도시·군계획시설 또는 도시·군계획시설예정지에서 건축하는 가설건축물에 대하여는 조경 등의 조치를 하지 아니할 수 있다.

④ 위락시설이나 공동주택은 공개공지 등의 확보대상이 아니다.

다음의 건축물의 대지에는 공개공지 또는 공개공간을 확보하여야 한다.

> 문화 및 집회시설, 종교시설, 판매시설(「농수산물유통 및 가격안정에 관한 법률」 제2조에 따른 농수산물유통시설은 제외한다), 운수시설(여객용 시설만 해당한다), 업무시설 및 숙박시설로 쓰이는 바닥면적의 합계가 5천㎡ 이상인 건축물

36. ③ | Key point | **바닥면적에서 제외사항**   난이도 中 [합격보장문제]

① 건축물의 1층이 차량의 주차에 전용(專用)되는 필로티인 경우 그 면적은 바닥면적에 산입하지 아니한다.

② 건축면적은 건축물의 외벽(외벽이 없는 경우에는 외곽부분 기둥)의 중심선으로 둘러싸인 부분의 수평투영면적으로 한다.

바닥면적은 건축물의 각 층 또는 그 일부로서 벽·기둥 그 밖에 이와 비슷한 구획의 중심선으로 둘러싸인 부분의 수평투영면적으로 한다.

④ 연면적은 하나의 건축물의 각 층(지하층을 포함한다)의 건축면적이 아니라 바닥면적의 합계로 한다.

⑤ 건축물의 노대 등의 바닥은 난간 등의 설치 여부에 관계없이 노대 등의 면적(외벽의 중심선으로부터 노대 등의 끝부분까지의 면적을 말한다)에서 노대 등이 접한 가장 긴 외벽에 접한 길이에 1.5미터를 곱한 값을 뺀 면적을 바닥면적에 산입한다.

37. ③ | Key point | **지하층·연면적·층수**   난이도 上 [틀려도 되는 문제]

옳은 것은 ㄴ, ㄷ, ㄹ, ㅁ이다.

ㄱ. 지하층은 건축물의 바닥이 지표면 아래에 있는 층으로서 그 바닥으로부터 지표면까지 평균높이가 해당 층 높이의 1/2 이상이 되는 것을 말한다.

ㅂ. 건축물이 부분에 따라 층수를 달리하는 경우에 그 층수는 가중평균 층수가 아니라 가장 많은 층수이다.

38. ② | Key point | **이행강제금 가중**   난이도 中 [합격보장문제]

② 허가권자는 영리목적을 위한 위반이나 상습적 위반 등 대통령령으로 정하는 경우에 이행강제금 부과금액을 100분의 100의 범위에서 가중하여야 한다.

39. ① | Key point | **농지의 소유상한**   난이도 下 [꼭 맞혀야 하는 문제]

① 농업인은 제한 없이 소유할 수 있다.

※ 농지의 소유상한 : 농업인, 농업법인, 국가, 지방자치단체는 제한없이 소유할 수 있다.

	농업경영을 하는 사람	무제한	
상 속	농업경영을 하지 아니하는 사람	10,000㎡ 이내	한국농어촌공사 등에 위탁하여 임대하거나 무상사용하게 하는 경우에는 임대하거나 무상사용하게 하는 기간 동안 소유상한을 초과하는 농지를 계속 소유할 수 있다.
이 농	8년 이상 농업경영 후 이농한 사람	10,000㎡ 이내	
주말농장	세대원 전부 소유하는 총면적	1,000㎡ 미만(농업진흥지역 외의 농지)	

40. ④ | Key point | **농업진흥지역**   난이도 上 [고득점 보장문제]

① 시·도지사는 농지를 효율적으로 이용하고 보전하기 위하여 농업진흥지역을 지정한다.

② 광역시의 녹지지역은 농업진흥지역의 지정대상이다.

농업진흥지역은 국토의 계획 및 이용에 관한 법률에 따른 녹지지역·관리지역·농림지역 및 자연환경보전지역을 대상으로 지정한다. 다만, 특별시의 녹지지역은 제외한다.

③ 농업보호구역은 농업진흥구역의 용수원 확보, 수질보전 등 농업환경을 보호하기 위하여 필요한 지역에 대하여 지정할 수 있다.

⑤ 1필지의 토지가 농업진흥구역과 농업보호구역에 걸치는 경우에는 농업진흥구역에 속하는 토지부분이 330㎡ 이하인 경우에는 해당 토지의 전부에 대하여 농업보호구역의 행위제한을 적용한다.

2023년도 제34회 시험대비 THE LAST 모의고사
최성진 부동산공법

회차	문제수	시험과목
2회	40	부동산공법

수험번호		성명	

【정답 및 해설】

박문각은 여러분의 제34회 공인중개사 시험 합격을 진심으로 응원합니다!

합격까지

부동산공법 중 부동산 중개에 관련되는 규정

1. ⑤	2. ①	3. ①	4. ③	5. ①	6. ④	7. ⑤	8. ①
9. ③	10. ③	11. ④	12. ④	13. ②	14. ①	15. ①	16. ④
17. ③	18. ⑤	19. ⑤	20. ④	21. ②	22. ④	23. ⑤	24. ④
25. ⑤	26. ②	27. ③	28. ④	29. ③	30. ②	31. ②	32. ①
33. ③	34. ①	35. ③	36. ⑤	37. ②	38. ②	39. ⑤	40. ②

〈시험 총평 및 학습방향〉

■ 출제유형 및 비중
지금까지 출제 된 문제를 종합 분석하여 출제 예상되는 중요한 Key Point와 개정내용을 중심으로 실제 기출문제수준으로 구성하였습니다.

■ 난이도 및 학습상황별 예상점수
상급 : 14문제 중급 : 15문제 하급 : 11문제로 구성하여 50점 이상 득점이 가능하도록 실제시험 출제경향에 맞추어 구성하였습니다.
난이도 하[꼭 맞혀야 하는 문제]
난이도 중[합격보장문제]
난이도 상[고득점 보장문제와 틀려도 되는 문제]으로 분류합니다.

Tip 객관식 기술 2 – 찍는 것도 실력이다.
　1. 부정형의 문장은 의심해라.
　　① 법률 규정은 ○○하면, ○○한다. 즉, 긍정형의 문장이 법률규정의 대부분이다.
　　② 반드시 부정형의 문장은 의심해라!!!
　　　시험문제는 법률규정을 토대로 하여 구성되므로, 긍정형의 대부분이 옳은 문장이며, 부정형의 문장은 대부분이 틀린 문장일 확률이 크다. 한 해에 부정형이 27문제가 정답인 경우도 있었다.
　2. 단정적인 단어가 들어간 경우에는 함정의 확률이 높으며, 예외가 있는지를 생각해라.
　　반드시, 항상, 언제나, 절대적으로, ○○에 한한다. 등은 틀린 문장일 확률이 크다. 단, 예외가 있는지 여부를 생각하여야 함에 유의하기 바란다.

---

1. ⑤ Key point 광역도시계획과 도시·군기본계획 비교
난이도 中[합격보장문제]

Tip 난이도 중[합격보장문제]를 80% 이상 맞추어야 합격점수가 나옵니다. 틀린 문제는 꼭 오답정리 해주세요.
① 광역도시계획은 광역계획권을 대상으로 수립하고, 도시·군기본계획은 특별시·광역시·특별자치시·특별자치도·시 또는 군을 대상으로 수립한다.
② 광역도시계획의 수립권자 국토교통부장관, 시·도지사, 시장 또는 군수이고, 도시·군기본계획의 수립권자는 특별시장·광역시장·특별자치시장·특별자치도지사·시장 또는 군수이다.
③ 도시·군기본계획의 기초조사의 내용에는 토지적성평가와 재해취약성분석을 포함하여야 하나, 광역도시계획은 토지적성평가와 재해취약성분석을 포함하지 아니한다.
④ 도시·군기본계획은 5년마다 타당성 여부를 재검토하여 정비하여야 하나, 광역도시계획에는 타당성 검토의 규정이 없다.

---

2. ① Key point 국토교통부장관과의 협의나 국토교통부장관의 승인을 받지 아니하는 경우
난이도 上[틀려도 되는 문제]

Tip 부동산 공법문제에서 모르는 문제인 틀려도 되는 문제는 무조건 pass한다. 그리고 나중에 틀려도 되는 문제를 찍을 때도 무작정 찍지 말고 정답수가 가장 적은 것 중심으로 찍는다.

① 구역 등의 규모가 1km² 이상이고 보전산지를 지정하는 경우에 국토교통부장관의 협의 또는 승인을 거쳐야 한다. ②, ③, ④, ⑤를 지정하는 경우 협의나 승인을 거치지 아니하고 지정할 수 있는 예외에 해당한다.
보전관리지역·생산관리지역·농림지역 또는 자연환경보전지역에서 다음의 지역을 지정하려는 경우에는 구역 등의 규모가 1km² 이상인 경우에도 국토교통부장관과의 협의를 거치지 아니하거나 국토교통부장관 또는 시·도지사의 승인을 받지 아니한다.

> 1. 「농지법」 제28조에 따른 농업진흥지역
> 2. 「한강수계 상수원수질개선 및 주민지원 등에 관한 법률」 등에 따른 수변구역
> 3. 「수도법」 제7조에 따른 상수원보호구역
> 4. 「자연환경보전법」 제12조에 따른 생태·경관보전지역
> 5. 「야생생물 보호 및 관리에 관한 법률」 제27조에 따른 야생생물 특별보호구역
> 6. 「해양생태계의 보전 및 관리에 관한 법률」 제25조에 따른 해양 보호구역

---

3. ① Key point 용도지역 지정목적
난이도 中[합격보장문제]
① 자연녹지지역은 도시의 녹지공간의 확보를 위하여 보전할 필요가 있는 지역으로서 불가피한 경우에 한하여 제한적인 개발이 허용되는 지역이다.

---

4. ③ Key point 아파트를 건축할 수 있는 용도지역
난이도 下[꼭 맞혀야 하는 문제]

Tip 난이도 하[꼭 맞혀야 하는 문제]는 한 문제도 실수하지 않아야 합격점수가 나옵니다. 틀린문제는 꼭 오답정리 해주세요.
③ 아파트는 제2종 전용주거지역, 제2종·제3종 일반주거지역, 준주거지역, 상업지역(유통상업지역을 제외) 및 준공업지역에서 건축할 수 있다.
아파트는 유통상업지역·전용공업지역·일반공업지역 및 녹지지역·관리지역·농림지역·자연환경보전지역·제1종 전용주거지역, 제1종 일반주거지역에서 건축할 수 없다.
그러므로 보기 중 아파트 건축이 가능한 용도지역은 제2종 전용주거지역이다.

---

5. ① Key point 용도지구의 세분
난이도 下[꼭 맞혀야 하는 문제]
① 고도지구는 대통령령에 따라 세분할 수 없다.
② 경관지구는 특화경관지구, 자연경관지구, 시가지경관지구로 세분하여 지정할 수 있다.
③ 보호지구는 역사문화환경보호지구, 중요시설물보호지구, 생태계보호지구로 세분하여 지정할 수 있다.
④ 취락지구는 자연취락지구, 집단취락지구로 세분하여 지정할 수 있다.
⑤ 개발진흥지구는 주거개발진흥지구, 산업·유통개발진흥지구, 관광·휴양개발진흥지구, 복합개발진흥지구 및 특정개발진흥지구로 세분하여 지정할 수 있다.
Tip 방재지구는 시가지방재지구, 자연방재지구로 세분하여 지정할 수 있다.

6. ④ `Key point` **지구단위계획** 난이도 中 [합격보장문제]

④ 공사용 가설건축물을 건축하려면 그 지구단위계획에 맞게 건축하지 아니하여도 된다. 지구단위계획구역에서 건축물(일정 기간 내 철거가 예상되는 경우 등 대통령령으로 정하는 <u>가설건축물은 제외한다</u>)을 건축하거나 건축물의 용도를 변경하려면 그 지구단위계획에 맞게 건축하거나 용도를 변경하여야 한다. 즉, 공사기간 중 이용하는 공사용 가설건축물을 건축하려면 그 지구단위계획에 맞게 건축하지 아니하여도 된다.

7. ⑤ `Key point` **도시계획위원회 심의생략사유** 난이도 上 [틀려도 되는 문제]

⑤ ㄱ, ㄴ, ㄷ

다음에 해당하는 개발행위는 중앙도시계획위원회와 지방도시계획위원회의 심의를 거치지 아니한다.

> 1. 다른 법률에 따라 도시계획위원회의 심의를 받는 구역에서 하는 개발행위
> 2. 지구단위계획 또는 성장관리계획을 수립한 지역에서 하는 개발행위
> 3. 주거지역 · 상업지역 · 공업지역에서 시행하는 개발행위 중 특별시 · 광역시 · 특별자치시 · 특별자치도 · 시 또는 군의 조례로 정하는 규모 · 위치 등에 해당하지 아니하는 개발행위
> 4. 환경영향평가법에 따라 환경영향평가를 받은 개발행위
> 5. 도시교통정비 촉진법에 따라 교통영향평가에 대한 검토를 받은 개발행위
> 6. 농어촌정비법에 따른 농어촌정비사업 중 대통령령으로 정하는 사업을 위한 개발행위
> 7. 산림자원의 조성 및 관리에 관한 법률에 따른 산림사업 및 사방사업법에 따른 사방사업을 위한 개발행위

8. ① `Key point` **기반시설의 종류** 난이도 下 [꼭 맞혀야 하는 문제]

① 방송 · 통신시설은 유통 · 공급시설이다.
- 공공 · 문화체육시설 : 학교 · 공공청사 · 문화시설 · 공공필요성이 인정되는 체육시설 · 연구시설 · 사회복지시설 · 공공직업훈련시설 · 청소년수련시설이다.
- 유통 · 공급시설 : 유통업무설비 · 수도 · 전기 · 가스 · 열공급설비 · 방송 · 통신시설 · 공동구 · 시장, 유류저장 및 송유설비이다.

9. ③ `Key point` **공공시설 등의 귀속** 난이도 上 [고득점 보장문제]

`Tip` 부동산 공법문제에서 고득점 보장문제는 풀 수는 있으나 매우 어려운 문제이니 나중에 시간이 여유있으면 푸는 문제입니다.
나중에 시간이 부족해서 찍을 때도 무작정 찍지 말고 정답수가 가장 적은 것 중심으로 찍습니다.

③ 개발행위허가를 받은 자가 <u>행정청이 아닌 경우</u> 개발행위로 용도가 폐지되는 공공시설은 새로 설치한 <u>공공시설의</u> 설치비용에 상당하는 범위에서 개발행위허가를 받은 자에게 <u>무상으로 양도할 수 있다.</u>

■ 공공시설의 귀속

구 분	새로운 공공시설	종래 공공시설	귀속시기
행정청인 경우	관리청에 무상귀속	개발행위허가를 받은 자에게 무상귀속	세목을 통지한 날에 관리청과 개발행위허가 받은 자 각각
행정청이 아닌 경우	관리청에 무상귀속	공공시설의 설치비용에 상당하는 범위에서 개발행위허가를 받은 자에게 무상양도	준공검사를 받음으로써 관리청과 개발행위허가 받은 자 각각

10. ③ `Key point` **도시 · 군관리계획의 수립기준** 난이도 上 [틀려도 되는 문제]

③ 도시지역 등에 위치한 개발가능토지는 단계별로 시차를 두어 개발되도록 할 것은 <u>도시 · 군기본계획의 수립기준이다.</u>

11. ④ `Key point` **기반시설부담구역에 설치가 필요한 기반시설** 난이도 下 [꼭 맞혀야 하는 문제]

④ 학교(「고등교육법」에 따른 학교(= 대학)는 제외한다)는 기반시설부담구역에 설치가 필요한 기반시설에 해당한다.

12. ④ `Key point` **도시 · 군계획시설부지의 매수청구** 난이도 中 [합격보장문제]

도시 · 군계획시설결정의 고시일부터 ㄱ : <u>10년</u> 이내에 도시 · 군계획시설사업이 시행되지 아니하는 경우로 지목이 대(垈)인 토지(건축물 · 정착물은 포함)의 소유자는 당해 토지의 매수를 청구할 수 있다.
매수의무자는 매수청구가 있은 날부터 ㄴ : <u>6개월</u> 이내에 매수여부를 결정하여 통지하여야 한다.
도시 · 군계획시설채권의 상환기간은 ㄷ : <u>10년</u> 이내에서 조례로 정한다.
도시 · 군계획시설결정이 고시된 도시 · 군계획시설에 대하여 그 고시일부터 ㄹ : <u>20년</u>이 지날 때까지 그 시설의 설치에 관한 도시 · 군계획시설사업이 시행되지 아니하는 경우 그 도시 · 군계획시설결정은 그 고시일부터 <u>20년</u>이 되는 날의 다음 날에 그 효력을 잃는다.

13. ② `Key point` **도시개발구역의 면적** 난이도 下 [꼭 맞혀야 하는 문제]

ㄱ. 주거지역 및 상업지역 : 10,000m² 이상
ㄴ. 공업지역 : 30,000m² 이상
ㄷ. 자연녹지지역 : 10,000m² 이상
ㄹ. 도시개발구역 지정면적의 100분의 30 이하인 생산녹지지역 : 10,000m² 이상

14. ① `Key point` **도시개발구역의 지정시 국토교통부장관과 협의면적** 난이도 中 [합격보장문제]

① 지정권자인 시 · 도지사 또는 대도시 시장은 관계 행정기관의 장과 협의하여 도시개발구역을 지정하되, 도시개발구역의 면적이 <u>50만m²</u> 이상인 경우 국토교통부장관과 협의하여야 한다.

15. ① `Key point` **개발계획의 내용과 개발계획 수립시 동의** 난이도 中 [합격보장문제]

① ㄱ, ㄴ의 내용이 옳다.
ㄷ. <u>환지방식의</u> 도시개발사업에 대한 개발계획을 수립하는 경우에는 환지방식 적용지역의 토지면적의 3분의 2 이상의 토지소유자와 그 지역의 토지소유자 총수의 2분의 1 이상의 토지소유자의 동의를 받아야 한다.
ㄹ. 보건의료시설 및 복지시설의 설치계획은 개발계획에 포함되어야 하는 내용이다. <u>설계도서 · 자금계획 · 지구단위계획 등의 내용은 실시계획에 포함되어야 하는 내용이다.</u>

16. ④ `Key point` **동의 철회시점 − 조합 설립인가 신청 전** 난이도 中 [합격보장문제]

④ 조합 설립인가에 동의한 자로부터 토지를 취득한 자는 <u>조합 설립인가 신청 전에는 동의를 철회할 수 있다.</u>

17. ③ | Key point | 원형지를 공급하기 위하여 지정권자에게 승인 신청시 제출서류

난이도 上 [틀려도 되는 문제]

시행자는 원형지를 공급하기 위하여 지정권자에게 승인 신청을 할 때에는 원형지의 공급 계획을 작성하여 다음의 서류를 첨부하여 지정권자에게 제출하여야 하며, 원형지개발자에 관한 사항과 원형지의 공급내용 등이 포함되어야 한다. 작성된 공급 계획을 변경하는 경우에도 같다.

1. 공급대상 토지의 위치·면적 및 공급목적
2. 원형지개발자에 관한 사항
3. 원형지 인구수용계획, 토지이용계획, 교통처리계획, 환경보전계획, 주요 기반시설의 설치계획 및 그 밖의 원형지 사용계획 등을 포함하는 원형지 개발계획
4. 원형지 사용조건
5. 예상 공급가격 및 주요 계약조건
6. 그 밖에 지정권자가 사업의 특성상 필요하다고 인정하는 사항으로서 시행자와 협의하여 정하는 사항

18. ⑤ | Key point | 환지방식의 사업시행

난이도 上 [고득점 보장문제]

⑤ 환지방식이 적용되는 도시개발구역 안의 조성토지 등의 가격을 평가하고자 할 때에는 토지평가협의회의 심의를 거쳐 결정하며, 심의 전에 미리 감정평가업자 등에게 평가하게 하여야 한다.

19. ⑤ | Key point | 도시 및 주거환경정비법 총칙 – 용어정리

난이도 下 [꼭 맞혀야 하는 문제]

① 상업지역·공업지역 등으로서 토지의 효율적 이용과 도심 또는 부도심 등 도시기능의 회복 및 상권활성화 등이 필요한 지역에서 도시환경을 개선하기 위한 사업은 재개발사업에 해당한다.
② 놀이터·마을회관·공동작업장 등 대통령령이 정하는 시설은 공동이용시설에 해당한다.
정비기반시설은 도로·상하수도·구거(도랑)·공원·공용주차장·광장·공공공지·공동구 그 밖에 주민의 생활에 필요한 열·가스 등의 공급시설로서 대통령령으로 정하는 시설을 말한다.
공동이용시설은 주민이 공동으로 사용하는 놀이터·마을회관·공동작업장 그 밖에 대통령령으로 정하는 시설(구판장·세탁장·탁아소·어린이집·경로당 및 화장실, 수도 등)을 말한다.
③ 준공 후 기준으로 40년까지 사용하기 위하여 보수·보강하는 비용이 철거 후 새로 건축물을 건설하는 비용보다 클 것으로 예상되는 건축물은 노후·불량건축물의 요건에 해당한다.
④ '토지주택공사 등'이란 한국토지주택공사 또는 지방공사를 말한다.

20. ④ | Key point | 기본계획 수립권자

난이도 中 [합격보장문제]

① 특별시장·광역시장·특별자치시장·특별자치도지사·시장(군수×)은 기본계획은 10년 단위로 수립하며, 5년마다 그 타당성 여부를 검토하여야 한다.
② 기본계획의 수립권자는 기본계획을 수립하려는 경우에는 14일 이상 주민에게 공람하여 의견을 들어야(주민설명회×) 하며, 제시된 의견이 타당하다고 인정되면 이를 기본계획에 반영하여야 한다.
③ 건폐율·용적률 등에 관한 건축물의 밀도계획은 기본계획에 포함되어야 하며, 시장은 기본계획을 수립하거나 변경한 때에는 국토교통부장관에게 보고하여야 한다.
⑤ 건폐율 및 용적률의 각 20% 미만의 변경인 경우에는 주민공람과 지방의회의 의견청취를 생략할 수 있다.

21. ② | Key point | 재건축사업의 조합설립인가의 동의 요건

난이도 中 [합격보장문제]

② 재건축사업은 주택단지 안의 공동주택 각 동별 구분소유자의 과반수 동의와 주택단지 전체 구분소유자의 4분의 3 이상 및 토지면적의 4분의 3 이상 토지소유자 동의를 얻어 조합을 설립하여야 한다.

22. ④ | Key point | 공공주도사업으로 전환

난이도 上 [고득점 보장문제]

④ 고시된 정비계획에서 정한 정비사업시행 예정일부터 2년 이내에 사업시행계획인가를 신청하지 아니하거나 인가를 신청한 내용이 위법 또는 부당하다고 인정하는 때(재건축사업은 제외한다)에는 시장·군수 등이 직접 정비사업을 시행하거나 토지주택공사 등을 사업시행자로 지정하여 정비사업을 시행하게 할 수 있다.
시장·군수 등은 재개발사업 및 재건축사업이 다음에 해당하는 때에는 직접정비사업을 시행하거나 토지주택공사 등(토지주택공사 등이 건설업자 또는 등록사업자와 공동으로 시행하는 경우를 포함한다)을 사업시행자로 지정하여 정비사업을 시행하게 할 수 있다.

1. 천재·지변, 재난 및 안전관리 기본법 또는 시설물의 안전 및 유지관리에 관한 특별법에 따른 사용제한·사용금지, 그 밖의 불가피한 사유로 인하여 긴급히 정비사업을 시행할 필요가 있다고 인정하는 때
2. 고시된 정비계획에서 정한 정비사업시행 예정일부터 2년 이내에 사업시행계획인가를 신청하지 아니하거나 인가를 신청한 내용이 위법 또는 부당하다고 인정하는 때(재건축사업은 제외한다)
3. 추진위원회가 시장·군수 등의 구성 승인을 받은 날부터 3년 이내에 조합의 설립인가를 신청하지 아니하거나, 조합이 설립인가를 받은 날부터 3년 이내에 사업시행계획인가를 신청하지 아니한 때
4. 지방자치단체의 장이 시행하는 도시·군계획사업과 병행하여 정비사업을 시행할 필요가 있다고 인정하는 때
5. 순환정비방식으로 정비사업을 시행할 필요가 있다고 인정하는 때
6. 사업시행계획인가가 취소된 때
7. 해당 정비구역의 국·공유지 면적 또는 국·공유지와 토지주택공사 등이 소유한 토지를 합한 면적이 전체 토지면적의 1/2 이상으로서 토지등소유자의 과반수가 시장·군수 등 또는 토지주택공사 등을 사업시행자로 지정하는 것에 동의하는 때
8. 정비구역 안의 토지면적 1/2 이상의 토지소유자와 토지등소유자의 2/3 이상에 해당하는 자가 시장·군수 등 또는 토지주택공사 등을 사업시행자로 지정할 것을 요청하는 때

23. ⑤ | Key point | 임시거주용시설의 설치 의무

난이도 中 [합격보장문제]

⑤ 시행자는 주거환경개선사업 및 재개발사업의 시행으로 철거되는 주택의 소유자 또는 세입자에 대하여 주택자금의 융자알선 등 임시거주에 상응하는 조치를 하여야 한다.

24. ④ | Key point | 정비사업전문관리업자의 업무제한 등

난이도 上 [틀려도 되는 문제]

④ 정비사업전문관리업자는 동일한 정비사업에 대하여 다음의 업무를 병행하여 수행할 수 없다(법 제103조).

1. 건축물의 철거
2. 정비사업의 설계
3. 정비사업의 시공
4. 정비사업의 회계감사
5. 그 밖에 정비사업의 공정한 질서유지에 필요하다고 인정하여 대통령령이 정하는 업무

25. ⑤ `Key point` **주택의 종류** 난이도 下 [꼭 맞혀야 하는 문제]

⑤ ㄴ 공관, ㄹ 기숙사는 주택법상의 주택이 아니다.
ㅁ의 다중생활시설은 준주택으로 주택이 아니다.
- 주택법령상 단독주택 : 단독주택, 다중주택, 다가구주택이다.
- 주택법령상 공동주택 : 아파트, 연립주택, 다세대주택이다.

26. ② `Key point` **주택공급질서 교란행위** 난이도 下 [꼭 맞혀야 하는 문제]

② 주택상환사채의 저당은 주택공급질서의 교란을 방지하기 위하여 금지되는 행위가 아니다.
누구든지 이 법에 따라 건설·공급되는 주택을 공급받거나 공급받게 하기 위하여 다음에 해당하는 증서 또는 지위를 양도·양수(매매·증여나 그 밖에 권리 변동을 수반하는 모든 행위를 포함하되, 상속·저당의 경우는 제외한다) 또는 이를 알선하거나 양도·양수 또는 이를 알선할 목적으로 하는 광고(각종 간행물·유인물·전화·인터넷, 그 밖의 매체를 통한 행위를 포함한다)를 하여서는 아니 되며, 누구든지 거짓이나 그 밖의 부정한 방법으로 이 법에 따라 건설·공급되는 증서나 지위 또는 주택을 공급받거나 공급받게 하여서는 아니 된다.

1. 주택을 공급받을 수 있는 조합원의 지위
2. 주택상환사채
3. 입주자저축증서
4. 시장·군수 또는 구청장이 발행한 무허가건물확인서·건물철거예정증명서 또는 건물철거확인서
5. 공공사업의 시행으로 인한 이주대책에 의하여 주택을 공급받을 수 있는 지위 또는 이주대책대상자확인서

27. ③ `Key point` **국토교통부장관의 사업계획승인대상** 난이도 中 [합격보장문제]

③ 330만m² 이상의 규모로 택지개발사업 또는 「도시개발법」상 도시개발사업을 추진하는 지역 중 국토교통부장관이 지정·고시하는 지역 안에서 주택건설사업을 시행하는 경우에 국토교통부장관에게 사업계획승인을 받아야 한다.

■ 국토교통부장관의 사업계획승인대상

1. 국가·한국토지주택공사가 시행하는 경우
2. 330만m² 이상의 규모로 택지개발촉진법에 따른 택지개발사업 또는 도시개발법에 따른 도시개발사업을 추진하는 지역 중 국토교통부장관이 지정·고시하는 지역에서 주택건설사업을 시행하는 경우
3. 수도권·광역시 지역의 긴급한 주택난 해소가 필요하거나 지역균형개발 또는 광역적 차원의 조정이 필요하여 국토교통부장관이 지정·고시하는 지역에서 주택건설사업을 시행하는 경우
4. 국가, 지방자치단체, 한국토지주택공사, 지방공사자가 단독 또는 공동으로 총지분의 50퍼센트를 초과하여 출자한 위탁관리 부동산투자회사(해당 부동산투자회사의 자산관리회사가 한국토지주택공사인 경우만 해당한다)가 공공주택 특별법에 따른 공공주택건설사업을 시행하는 경우

28. ④ `Key point` **분양가상한제 적용주택의 입주자의 거주의무기간** 난이도 上 [틀려도 되는 문제]

해당 주택이 공공택지에서 건설·공급되는 주택인 경우 거주의무기간은 2년이 아니라 3년 또는 5년이다.
[분양가상한제 적용주택의 입주자의 거주의무기간]
사업주체가 수도권에서 건설·공급하는 분양가상한제 적용주택의 경우

■ 공공택지에서 건설·공급되는 주택의 경우

1. 분양가격이 인근지역 주택매매가격의 80퍼센트 미만인 주택 : 5년
2. 분양가격이 인근지역주택매매가격의 80퍼센트 이상 100퍼센트 미만인 주택 : 3년

29. ③ `Key point` **지역주택조합의 조합원 모집** 난이도 上 [고득점 보장문제]

① 다음의 「공인중개사법」에 따른 중개업자는 A지역주택조합의 조합설립인가 신청을 대행할 수 있다.

1. 법인인 경우 : 5억원 이상의 자본금을 보유한 자
2. 개인인 경우 : 10억원 이상의 자산평가액을 보유한 사람

② 관할 시장의 설립인가가 있은 이후에도 甲은 조합을 탈퇴할 수 있다.
④ A지역주택조합은 조합원 모집에 관하여 설명한 내용을 조합 가입 신청자가 이해하였음을 서면으로 확인받아 가입 신청자에게 교부하고, 그 사본을 5년간 보관하여야 한다.
⑤ 甲의 사망으로 A지역주택조합이 조합원을 충원하는 경우에는 자격요건이 필요없다.

30. ② `Key point` **사용검사 후 매도청구시 가격** 난이도 下 [꼭 맞혀야 하는 문제]

② 주택의 소유자들이 甲에게 해당 토지에 대한 매도청구를 하는 경우 시가를 기준으로 하여야 한다.

31. ② `Key point` **투기과열지구의 재검토** 난이도 中 [합격보장문제]

② 국토교통부장관은 반기마다 주거정책심의위원회의 회의를 소집하여 투기과열지구 지정의 계속 여부를 재검토하여야 한다.

32. ① `Key point` **건축법상 용어 중 특수구조건축물** 난이도 中 [합격보장문제]

① 층수가 6층 이상인 건축물은 특수구조 건축물이 아니다.

■ 특수구조 건축물
다음의 어느 하나에 해당하는 건축물을 말한다.

- 한쪽 끝은 고정되고 다른 끝은 지지(支持)되지 아니한 구조로 된 보·차양 등이 외벽의 중심선으로부터 3m 이상 돌출된 건축물
- 기둥과 기둥 사이의 거리(기둥의 중심선 사이의 거리를 말하며, 기둥이 없는 경우에는 내력벽과 내력벽의 중심선 사이의 거리)가 20m 이상인 건축물
- 특수한 설계·시공·공법 등이 필요한 건축물로서 국토교통부장관이 정하여 고시하는 구조로 된 건축

33. ③ `Key point` **건축법상 건축 및 대수선** 난이도 下 [꼭 맞혀야 하는 문제]

③ 건축물의 벽면적 30m² 미만 수선 또는 변경하는 것은 대수선에 해당하지 아니한다. 건축물의 벽면적 30m² 이상을 수선 또는 변경하는 행위는 대수선에 해당한다.

34. ① `Key point` **건축법의 완화대상** 난이도 上 [틀려도 되는 문제]

① 31층 이상인 건축물(건축물 전부가 공동주택의 용도로 쓰이는 경우는 제외한다)과 발전소, 제철소, 산업집적활성화 및 공장설립에 관한 법률 시행령 별표 1의2 제2호 마목에 따라 산업통상자원부령으로 정하는 업종의 제조시설, 운동시설 등 특수 용도의 건축물인 경우에는 완화대상이다.

건축주·설계자·공사시공자 또는 공사감리자는 업무를 수행할 때 이 법을 적용하는 것이 매우 불합리하다고 인정되는 대지나 건축물로서 대통령령으로 정하는 것에 대하여는 이 법의 기준을 완화하여 적용할 것을 허가권자에게 요청할 수 있다.

1. 수면 위에 건축하는 건축물 등 대지의 범위를 설정하기 곤란한 경우: 법 제40조부터 제47조까지, 법 제55조부터 제57조까지, 법 제60조 및 법 제61조에 따른 기준

2. 거실이 없는 통신시설 및 기계·설비시설인 경우: 법 제44조부터 법 제46조까지의 규정에 따른 기준

3. 31층 이상인 건축물(건축물 전부가 공동주택의 용도로 쓰이는 경우는 제외한다)과 발전소, 제철소, 산업집적활성화 및 공장설립에 관한 법률 시행령 별표 1의2 제2호 마목에 따라 산업통상자원부령으로 정하는 업종의 제조시설, 운동시설 등 특수 용도의 건축물인 경우: 법 제43조, 제49조부터 제52조까지, 제62조, 제64조, 제67조 및 제68조에 따른 기준

4. 전통사찰, 전통한옥 등 전통문화의 보존을 위하여 시·도의 건축조례로 정하는 지역의 건축물인 경우: 법 제2조 제1항 제11호, 제44조, 제46조 및 제60조 제3항에 따른 기준

5. 경사진 대지에 계단식으로 건축하는 공동주택으로서 지면에서 직접 각 세대가 있는 층으로의 출입이 가능하고, 위층 세대가 아래층 세대의 지붕을 정원 등으로 활용하는 것이 가능한 형태의 건축물과 초고층 건축물인 경우: 법 제55조에 따른 기준

6. 다음의 어느 하나에 해당하는 건축물인 경우: 법 제42조, 제43조, 제46조, 제55조, 제56조, 제58조, 제60조, 제61조 제2항에 따른 기준
   ① 허가권자가 리모델링 활성화가 필요하다고 인정하여 지정·공고한 구역(이하 "리모델링 활성화 구역"이라 한다) 안의 건축물
   ② 사용승인을 받은 후 15년 이상이 되어 리모델링이 필요한 건축물
   ③ 기존 건축물을 건축(증축, 일부 개축 또는 일부 재축으로 한정한다. 이하 이 목 및 제32조 제3항에서 같다)하거나 대수선하는 경우로서 일정한 요건을 모두 갖춘 건축물

7. 기존 건축물에 장애인·노인·임산부 등의 편의증진 보장에 관한 법률 제8조에 따른 편의시설을 설치하면 법 제55조 또는 법 제56조에 따른 기준에 적합하지 아니하게 되는 경우: 법 제55조 및 법 제56조에 따른 기준

7의2. 국토의 계획 및 이용에 관한 법률에 따른 도시지역 및 지구단위계획구역 외의 지역 중 동이나 읍에 해당하는 지역에 건축하는 건축물로서 건축조례로 정하는 건축물인 경우: 법 제2조 제1항 제11호 및 제44조에 따른 기준

8. 다음의 어느 하나에 해당하는 대지에 건축하는 건축물로서 재해예방을 위한 조치가 필요한 경우: 법 제55조, 법 제56조, 법 제60조 및 법 제61조에 따른 기준
   ① 국토의 계획 및 이용에 관한 법률 제37조에 따라 지정된 방재지구
   ② 급경사지 재해예방에 관한 법률 제6조에 따라 지정된 붕괴위험지역

9. 조화롭고 창의적인 건축을 통하여 아름다운 도시경관을 창출한다고 법 제11조에 따른 특별시장·광역시장·특별자치시장·특별자치도지사 또는 시장·군수·구청장(이하 "허가권자"라 한다)가 인정하는 건축물과 주택법 시행령 제10조 제1항에 따른 도시형 생활주택(아파트는 제외한다)인 경우: 법 제60조 및 법 제61조에 따른 기준

10. 공공주택 특별법 제2조 제1호에 따른 공공주택인 경우: 법 제61조 제2항에 따른 기준

11. 다음의 어느 하나에 해당하는 공동주택에 주택건설 기준 등에 관한 규정 제2조 제3호에 따른 주민공동시설(주택소유자가 공유하는 시설로서 영리를 목적으로 하지 아니하고 주택의 부속용도로 사용하는 시설만 해당하며, 이하 "주민공동시설"이라 한다)을 설치하는 경우: 법 제56조에 따른 기준
   ① 주택법 제15조에 따라 사업계획 승인을 받아 건축하는 공동주택
   ② 상업지역 또는 준주거지역에서 법 제11조에 따라 건축허가를 받아 건축하는 200세대 이상 300세대 미만인 공동주택
   ③ 법 제11조에 따라 건축허가를 받아 건축하는 주택법 시행령 제10조에 따른 도시형 생활주택

12. 법 제77조의4 제1항에 따라 건축협정을 체결하여 건축물의 건축·대수선 또는 리모델링을 하려는 경우: 법 제55조 및 제56조에 따른 기준

---

35. ③ Key point **건축물의 건축 등 − 건축법상 높이제한**

난이도 上 [고득점 보장문제]

③ ㄷ, ㄹ이 틀린 문장이다.

ㄷ. 240%의 용적률과 60%의 건폐율 최대한도를 적용받는다 하더라도 4층을 초과하는 건축물을 건축할 수 있다. 왜냐하면 '허용되는 최대 건축면적과 각 층 바닥면적은 동일하다.'는 단서가 없기 때문이다. 예를 들어 1층은 건폐율을 60%로 하고 2층부터는 건폐율을 30%로 건축하면은 7층 건축물을 건축할 수 있다.

ㄹ. 건축물의 높이제한은 법률과 시행령뿐만 아니라 조례로 정할 수 있다. 즉, 특별시장 또는 광역시장은 도시관리를 위하여 필요한 경우에는 가로구역별 건축물의 최고높이를 특별시 또는 광역시의 조례로 정할 수 있다.

---

36. ⑤ Key point **건축법상 건축허가취소** 난이도 中 [합격보장문제]

⑤ 「산업집적활성화 및 공장설립에 관한 법률」 제13조에 의하여 신설·증설된 공장에 관하여 건축허가를 받은 자가 그 허가를 받은 날부터 3년 이내에 공사를 착수하지 아니하는 경우에는 허가를 취소하여야 한다.

---

37. ② Key point **건축법상 공개공지 확보대상** 난이도 下 [꼭 맞혀야 하는 문제]

② 판매시설 중 농수산물유통시설은 공개공지 등을 확보하여야하는 건축물이 아니다. 바닥면적의 합계가 5,000m² 이상인 문화 및 집회시설, 종교시설, 판매시설(농수산물유통시설은 제외한다), 운수시설(여객용만 해당), 업무시설, 숙박시설이 공개공지 등을 확보하여야 하는 건축물에 해당한다.

---

38. ② Key point **지역·지구 및 구역의 건축물 − 건축법상 면적산정**

난이도 上 [고득점 보장문제]]

※ 문제 해결 순서
1. 최대 건축연면적은 용적률(200%) × 대지면적(1,000m²) /100이므로 2,000m²이다.
2. 현 건축물의 연면적은 지하층의 음식점으로 사용되는 면적과 지상층의 주차용(건축물의 부속용도인 경우에 한함)으로 사용되는 면적을 제외하므로 현 건축물의 연면적은 1층 점포(300m²)과 2층(500m²)을 합한 800m²이다.
3. 증축 가능한 최대면적은 최대 건축연면적(2,000m²) − 현 건축물의 연면적(800m²) = 1,200m²이다.

39. ⑤ `Key point` **농지의 위탁경영사유**   난이도 中 [합격보장문제]

⑤ 교통사고로 <u>3개월 이상의 치료가 필요한 경우</u>에는 소유 농지를 위탁 경영할 수 있다.

▌위탁경영

> ▶ 농지 소유자는 다음에 해당하는 경우에는 소유 농지를 위탁경영 할 수 있다.
> 1. 병역법에 따라 징집 또는 소집된 경우
> 2. 3개월 이상의 국외 여행 중인 경우
> 3. 농업법인이 청산 중인 경우
> 4. 질병, 취학, 선거에 따른 공직 취임, 그 밖에 대통령령으로 정하는 다음의 사유로 자경할 수 없는 경우
>   ① 부상으로 3개월 이상의 치료가 필요한 경우
>   ② 교도소·구치소 또는 보호감호시설에 수용 중인 경우
>   ③ 임신 중이거나 분만 후 6개월 미만인 경우
> 5. 농지이용증진사업시행계획에 따라 위탁경영하는 경우
> 6. 농업인이 자기 노동력이 부족하여 농작업의 일부를 위탁하는 경우 : 자기노동력이 부족한 경우는 다음에 해당하는 경우로서 통상적인 농업경영관행에 따라 농업경영을 함에 있어서 자기 또는 세대원의 노동력으로는 해당 농지의 농업경영에 관련된 농작업의 전부를 행할 수 없는 경우로 한다.
>   ① 다음에 해당하는 재배작물의 종류별 주요 농작업의 3분의 1 이상을 자기 또는 세대원의 노동력에 의하는 경우
>   ㉠ 벼 : 이식 또는 파종, 재배관리 및 수확
>   ㉡ 과수 : 가지치기 또는 열매솎기, 재배관리 및 수확
>   ㉢ ㉠ 및 ㉡ 외의 농작물 또는 다년생식물 : 파종 또는 육묘, 이식, 재배관리 및 수확
>   ② 자기의 농업경영에 관련된 위 ①의 ㉠, ㉡, ㉢ 해당하는 농작업에 1년 중 30일 이상 직접 종사하는 경우

40. ② `Key point` **농업경영계획서에 포함되어야 하는 내용**
                    난이도 上 [틀려도 되는 문제]

② <u>취득대상 농지의 취득가격</u>은 농업경영계획서에 포함되어야 하는 내용이 아니다.

농지취득자격증명을 발급받으려는 자는 다음의 사항이 모두 포함된 농업경영계획서 또는 주말·체험영농계획서를 작성하고 농림축산식품부령으로 정하는 서류를 첨부하여 농지 소재지를 관할하는 시·구·읍·면의 장에게 발급신청을 하여야 한다.

> 1. 취득 대상 농지의 면적(공유로 취득하려는 경우 공유 지분의 비율 및 각자가 취득하려는 농지의 위치도 함께 표시한다)
> 2. 취득 대상 농지에서 농업경영을 하는 데에 필요한 노동력 및 농업 기계·장비·시설의 확보 방안
> 3. 소유 농지의 이용 실태(농지 소유자에게만 해당한다)
> 4. 농지취득자격증명을 발급받으려는 자의 직업·영농경력·영농 거리

합격까지 박문각

2023년도 제34회 시험대비 THE LAST 모의고사
최성진 부동산공법

회차	문제수	시험과목
3회	40	부동산공법

수험번호		성명	

【정답 및 해설】

박문각은 여러분의 제34회 공인중개사 시험 합격을 진심으로 응원합니다!

합격까지 박문각

부동산공법 중 부동산 중개에 관련되는 규정

1. ③	2. ④	3. ④	4. ④	5. ①	6. ④	7. ⑤	8. ①
9. ③	10. ⑤	11. ①	12. ②	13. ③	14. ④	15. ⑤	16. ④
17. ①	18. ②	19. ②	20. ①	21. ④	22. ②	23. ③	24. ⑤
25. ⑤	26. ②	27. ⑤	28. ④	29. ①	30. ②	31. ①	32. ③
33. ②	34. ①	35. ④	36. ⑤	37. ②	38. ⑤	39. ③	40. ①

〈시험 총평 및 학습방향〉

■ 출제유형 및 비중

지금까지 출제된 문제를 종합 분석하여 출제 예상되는 중요한 Key Point와 개정내용을 중심으로 실제 기출문제수준으로 구성하였습니다.

■ 난이도 및 학습상황별 예상점수

상급 : 12문제 중급 : 16문제 하급 : 12문제로 구성하여 50점 이상 득점이 가능하도록 실제시험 출제경향에 맞추어 구성하였습니다.

난이도 하[꼭 맞혀야 하는 문제]

난이도 중[합격보장문제]

난이도 상[고득점 보장문제와 틀려도 되는 문제]으로 분류합니다.

Tip 객관식 기술 3 - 찍는 것도 실력이다.

낯선 지문이나 처음 보는 듯 한 지문은 스킵[skip = △] 하는 것이 좋다.
① 문제가 길고 처음 보거나, 정확하게 모르는 문제 등 어려운 문제는 △로 표시하여 뒤로 미루고, 쉬운 문제, 짧은 문제부터 풀어 나가라.[시간 안배에 철저하라.]
② 객관식은 ○, ×, △를 잘하는 것이 실력이다.
③ 낯선 지문이 답일 확률은 5% 이내이다.
④ 나를 잘 아는 사람이 사기 친다. 즉, 익숙한 지문이 정답일 확률이 크다.
⑤ 낯선 지문은 답일 확률이 거의 없다. "낯선 여자에게서는 내 남자의 향이 안 난다."

---

1. ③ Key point **국토의 계획 및 이용에 관한 법령에서 정하는 용어정의**

난이도 中 [합격보장문제]

Tip 난이도 중 [합격보장문제]를 80% 이상 맞추어야 합격점수가 나옵니다. 틀린문제는 꼭 오답정리 해주세요.

① 도시·군관리계획으로 결정하여야 할 사항은 국가계획에 포함될 수 있다.

국가계획은 중앙행정기관이 법률에 따라 수립하거나 국가의 정책적인 목적달성을 위하여 수립하는 도시·군기본계획의 내용이나 도시·군관리계획으로 결정하여야 할 사항이 포함된 계획을 말한다.

② 지구단위계획은 도시·군계획 수립대상지역 일부(전부×)에 대해 토지이용의 합리화 등을 목적으로 수립하는 도시·군관리계획이다.

④ 시장 또는 군수가 관할구역에 대하여 다른 법률에 따른 환경·교통·수도·하수도·주택 등 부문별 계획을 수립하는 때에는 도시·군기본계획의 내용과 부합하여야 한다.

⑤ 개발밀도관리구역은 개발로 인하여 기반시설이 부족할 것이 예상되나 기반시설의 설치가 곤란한 지역을 대상으로 건폐율이나 용적률을 강화하여 적용하기 위하여 지정하는 구역을 말한다.

---

2. ④ Key point **국토교통부장관이 광역도시계획을 수립하는 경우**

난이도 下 [꼭 맞혀야 하는 문제]

Tip 난이도 하 [꼭 맞혀야 하는 문제]는 한 문제도 실수하지 않아야 합격점수가 나옵니다. 틀린문제는 꼭 오답정리 해주세요.

④ 국가계획과 관련된 경우, 광역계획권을 지정한 날부터 3년이 지날 때까지 관할 시·도지사로부터 광역도시계획의 승인 신청이 없는 경우에는 국토교통부장관이 단독으로 광역도시계획을 수립하여야 한다.

① 시·도지사가 협의를 거쳐 요청하는 경우는 없다.

시·도지사가 요청하는 경우에는 관할 시·도지사와 국토교통부장관이 공동으로 수립할 수 있다.

② 광역계획권이 같은 도의 관할 구역에 속하여 있는 경우에는 관할 시장·군수가 공동으로 수립하여야 한다.

③ 광역계획권이 둘 이상의 시·도의 관할 구역에 걸쳐 있는 경우에는 시·도지사가 공동으로 수립하여야 한다.

⑤ 광역도시계획의 수립에 중앙행정기관의 장이 요청하는 경우는 없다.

---

3. ④ Key point **용도지역·용도지구·용도구역**

난이도 下 [꼭 맞혀야 하는 문제]

④ 시가화조정구역의 지정에 관한 도시·군관리계획의 결정은 시가화 유보기간이 끝난 날의 다음 날부터 그 효력을 잃는다.

---

4. ④ Key point **용적률**

난이도 中 [합격보장문제]

제1종 일반주거지역 : (ㄱ = 100)% 이상 (ㄴ = 200)% 이하

제2종 일반주거지역 : (ㄱ = 100)% 이상, (ㄷ = 250)% 이하

제3종 일반주거지역 : (ㄱ = 100)% 이상, (ㄹ = 300)% 이하

준주거지역 : (ㅁ = 200)% 이상 (ㅂ = 500)% 이하

---

5. ① Key point **공공시설부지로 제공하는 경우 용적률 완화**

난이도 上 [틀려도 되는 문제]

Tip 부동산 공법문제에서 모르는 문제인 틀려도 되는 문제는 무조건 pass 그리고 나중에 틀려도 되는 문제를 찍을 때도 무작정 찍지 말고 정답 수가 가장 적은 것 중심으로 찍습니다.

① 용적률 완화 = 용적률 + [1.5 × 용적률 × 제공면적/제공 후 면적]

용적률 = 100 + [1.5 × 100 × 400/600] = 200%

대지면적은 600 [400은 기부채납] 용적률 = 200%[2배] = 1,200m²

---

6. ④ Key point **복합용도지구**

난이도 上 [고득점 보장문제]

Tip 부동산 공법문제에서 고득점 보장문제는 풀수는 있으나 매우 어려운 문제이나 나중에 시간이 여유있으면 푸는 문제입니다.

나중에 시간이 부족해서 찍을 때도 무작정 찍지 말고 정답수가 가장 적은 것 중심으로 찍습니다.

① 복합용도지구는 지역의 토지이용 상황, 개발 수요 및 주변 여건 등을 고려하여 효율적이고 복합적인 토지이용을 도모하기 위하여 특정시설의 입지를 완화할 필요가 있는 지구이다.

복합개발진흥지구는 주거기능, 공업기능, 유통·물류기능 및 관광·휴양기능 중 2 이상의 기능을 중심으로 개발·정비할 필요가 있는 지구이다.

② 시·도지사 또는 대도시 시장은 대통령령으로 정하는 주거지역·공업지역·관리지역에 복합용도지구를 지정할 수 있으며, 복합용도지구는 주거지역 중 일반주거지역, 공업지역 중 일반공업지역, 관리지역 중 계획관리지역에 지정할 수 있다.

③, ⑤ 시·도지사 또는 대도시 시장은 복합용도지구를 지정하는 경우에는 다음의 기준을 따라야 한다.

1. 용도지역의 변경시 기반시설이 부족해지는 등의 문제가 우려되어 해당 용도지역의 건축제한만을 완화하는 것이 적합한 경우에 지정할 것
2. 간선도로의 교차지(交叉地), 대중교통의 결절지(結節地) 등 토지이용 및 교통 여건의 변화가 큰 지역 또는 용도지역 간의 경계지역, 가로변 등 토지를 효율적으로 활용할 필요가 있는 지역에 지정할 것
3. 용도지역의 지정목적이 크게 저해되지 아니하도록 해당 용도지역 전체 면적의 3분의 1 이하의 범위에서 지정할 것
4. 그 밖에 해당 지역의 체계적·계획적인 개발 및 관리를 위하여 지정 대상지가 국토교통부장관이 정하여 고시하는 기준에 적합할 것

---

7. ⑤ Key point **국토의 계획 및 이용에 관한 법령상 실효**
난이도 下 [꼭 맞혀야 하는 문제]

⑤ ㄱ : 5년, ㄴ : 1년, ㄷ : 20년

---

8. ① Key point **도시·군계획시설부지의 매수청구** 난이도 中 [합격보장문제]

① ㄱ, ㄴ, ㄹ은 옳은 문장이다.
ㄷ. 매수의무자는 매수하기로 결정한 토지를 매수 결정을 알린 날부터 **2년 이내**에 매수하여야 한다.

---

9. ③ Key point **도시계획위원회 심의를 거쳐야 하는 사항**
난이도 上 [틀려도 되는 문제]

1. 중앙도시계획위원회의 심의를 거쳐야 하는 사항
   가. 면적이 1제곱킬로미터 이상인 토지의 형질변경
   나. 부피 100만세제곱미터 이상의 토석채취
2. 시·도도시계획위원회 또는 시·군·구도시계획위원회 중 대도시에 두는 도시계획위원회의 심의를 거쳐야 하는 사항
   가. 면적이 30만제곱미터 이상 1제곱킬로미터 미만인 토지의 형질변경
   나. 부피 50만세제곱미터 이상 1백만세제곱미터 미만의 토석채취
3. 시·군·구도시계획위원회의 심의를 거쳐야 하는 사항
   가. 면적이 30만제곱미터 미만인 토지의 형질변경
   나. 부피 3만세제곱미터 이상 50만세제곱미터 미만의 토석채취

---

10. ⑤ Key point **개발밀도관리구역** 난이도 中 [합격보장문제]

⑤ 개발밀도관리구역의 지정권자는 특별시장·광역시장·특별자치시장·특별자치도지사·시장 또는 군수이고, 지정기준은 국토교통부장관이 정한다.

---

11. ① Key point **기반시설유발계수** 난이도 中 [합격보장문제]

① 교육연구시설은 0.7이고, ② 종교시설은 1.4, ③ 문화 및 집회시설은 1.4, ④ 운수시설은 1.4, ⑤ 자원환관련시설은 1.4이다.

■ 기반시설유발계수
• 공장 : 0.3 ~ 2.5
• 창고 : 0.5

• 단독주택, 공동주택, 노유자시설, 교육연구시설, 야영장시설, 수련시설, 업무시설, 운동시설, 장례시설 : 0.7
• 방송통신시설 : 0.8
• 의료시설 : 0.9
• 숙박시설 : 1.0
• 판매시설, 제1종 근린생활시설, 비금속 광물제품 제조공장 : 1.3
• 종교시설, 문화 및 집회시설, 운수시설, 자원순환관련시설 : 1.4
• 제2종 근린생활시설 : 1.6
• 관광휴게시설 : 1.9
• 위락시설 : 2.1

---

12. ② Key point **조례로 따로 정할 수 있는 것** 난이도 上 [틀려도 되는 문제]

② 도시·군계획시설을 공중·수중·수상 또는 지하에 설치하는 경우 그 높이나 깊이의 기준과 그 설치로 인하여 토지나 건물의 소유권 행사에 제한을 받는 자에 대한 보상 등에 관하여는 따로 법률로 정한다.

---

13. ③ Key point **개발계획 – 내용** 난이도 中 [합격보장문제]

① 개발계획의 작성기준 및 방법은 국토교통부장관이 정한다.
② 계획관리지역에서는 도시개발구역을 지정한 후 개발계획을 수립할 수 있다.
④ 지정권자는 국가가 환지방식으로 사업을 시행하는 경우 개발계획을 수립하는 때 국가는 동의받지 아니한다.
⑤ 국토교통부장관의 도시개발구역 지정 사유가 아니다.
330만m² 이상인 도시개발구역에 관한 개발계획을 수립할 때에는 해당 구역에서 주거, 생산, 교육, 유통, 위락 등의 기능이 서로 조화를 이루도록 노력하여야 한다.

---

14. ④ Key point **개발계획의 경미한 변경으로 토지소유자의 동의가 필요 없는 경우** 난이도 上 [틀려도 되는 문제]

④ 수용예정인구가 종전보다 100분의 10 미만 증감하는 경우(변경 이후 수용예정인구가 3천명 미만)에는 동의가 필요 없다. 수용예정인구가 종전보다 100분의 5 증가하여 3천5백명이 되는 경우에는 토지소유자의 동의가 필요하다.

■ 개발계획의 경미한 변경으로 토지소유자의 동의가 필요 없는 경우

1. 도시개발구역의 명칭 변경
2. 너비가 12미터 미만인 도로를 신설 또는 폐지하는 경우
3. 시행자의 변경
4. 수용예정인구가 종전보다 100분의 10 미만 증감하는 경우(변경 이후 수용예정인구가 3천명 미만)
5. 보건의료시설면적 및 복지시설면적의 100분의 10 미만의 변경
6. 도로를 제외한 기반시설 면적이 종전보다 100분의 10 미만으로 증감하거나 신설되는 기반시설의 총면적이 종전 기반시설 면적의 100분의 5 미만인 경우
7. 기반시설을 제외한 도시개발구역의 용적률이 종전보다 100분의 5 미만 증가하는 경우

15. ⑤ `Key point` **대의원회의 총회권한 대행불가사유**

난이도 下 [꼭 맞혀야 하는 문제]

⑤ 실시계획의 수립은 대의원회 의결로 총회의 권한을 대행할 수 있다.

▌**대의원회의 총회권한 대행 불가능 사유(총회만 행사)**

> 1. 정관변경
> 2. 개발계획의 수립·변경(개발계획의 경미한 변경 및 <u>실시계획의 수립·변경은 제외한다. 즉, 대의원회가 대행할 수 있다)</u>
> 3. 조합임원(조합장, 이사, 감사)의 선임
> 4. 조합의 합병 또는 해산
> 5. 환지계획의 작성(환지예정지의 지정은 대의원회가 대행할 수 있다)

16. ④ `Key point` **도시개발채권**

난이도 中 [합격보장문제]

④ 도시개발채권의 이율은 채권의 발행 당시의 국채, 공채 등의 금리와 특별계획의 상황 등을 고려하여 해당 <u>시·도의 조례로 정한다.</u>

17. ③ `Key point` **도시개발사업의 시행 − 조성토지 공급의 추첨방법**

난이도 下 [꼭 맞혀야 하는 문제]

③ ㄱ은 <u>토지상환채권</u>에 의하여 상환하는 경우는 <u>수의계약으로</u> 방법으로 조성토지 등을 공급할 수 있는 경우이다.

ㄴ, ㄷ, ㄹ은 추첨의 방법으로 공급할 수 있다.

▌**공급방법**

- 원칙 : 토지의 공급은 경쟁입찰의 방법에 따른다.
- 예외 : 다음은 추첨의 방법으로 분양할 수 있다.

> 1. 330㎡ 이하의 단독주택용지
> 2. 국민주택규모(85㎡) 이하의 주택건설용지
> 3. 공공택지
> 4. 공장용지
> 5. 수의계약의 방법으로 조성토지를 공급하기로 하였으나 공급신청량이 지정권자에게 제출한 조성토지 등의 공급계획에서 계획된 면적을 초과하는 경우

- 예외(수의계약) : 토지상환채권, 일반에게 분양할 수 없는 공공용지는 국가, 지방자치단체에게 수의계약방법으로 조성토지 등을 공급할 수 있다.

18. ② `Key point` **청산금**

난이도 中 [합격보장문제]

② 청산금은 환지처분이 공고된 날의 <u>다음 날에 확정된다.</u>

19. ② `Key point` **정비기반시설**

난이도 下 [꼭 맞혀야 하는 문제]

② <u>ㄷ, ㅂ은 공동이용시설이다.</u>

- 정비기반시설은 도로·상하수도·구거(도랑)·공원·공용주차장·광장·공동구(국토의 계획 및 이용에 관한 법률 규정에 따른 공동구를 말한다) 그 밖에 주민의 생활에 필요한 열·가스 등의 공급시설로서 대통령령으로 정하는 시설을 말한다.
- 공동이용시설은 주민이 공동으로 사용하는 놀이터·마을회관·공동작업장, 구판장·세탁장·탁아소·어린이집, 경로당 등 노유자시설, 화장실 및 수도를 말한다.

20. ③ `Key point` **정비구역에서 허가사항과 그 구체적 내용**

난이도 上 [고득점 보장문제]

③ 허가사항 : <u>건축물의 건축 등</u> / 허가의 구체적인 내용 : 「건축법」제2조 제1항 제2호에 따른 <u>건축물(가설건축물을 포함한다)의 건축, 용도변경</u>
① 허가사항 : 토석의 채취 / 허가사항이 아닌 것 : 정비구역의 개발에 지장을 주지 아니하고 자연경관을 손상하지 아니하는 범위에서의 토석의 채취
② 허가사항 : 공작물의 설치 / 허가사항이 아닌 것 : 농림수산물의 생산에 직접 이용되는 것으로서 국토교통부령으로 정하는 간이공작물의 설치
④ 허가사항 : 물건을 쌓아놓는 행위 / 허가사항이 아닌 것 : 정비구역에 존치하기로 결정된 대지에 물건을 쌓아놓는 행위
⑤ 허가사항 : 죽목의 벌채 및 식재 / 허가사항이 아닌 것 : 관상용 죽목의 임시식재(경작지에서의 임시식재는 제외한다)

21. ④ `Key point` **정비사업의 시행 − 조합의 임원** 난이도 中 [합격보장문제]

④ 조합이 인가받은 사항을 변경하고자 하는 때에는 총회에서 조합원의 <u>3분의 2 이상의</u> 찬성으로 의결하고, 시장·군수 등의 인가를 받아야 한다.

22. ② `Key point` **주민의견 청취절차 생략사유** 난이도 上 [틀려도 되는 문제]

② 건축물의 건폐율 또는 용적률을 축소하거나 <u>10퍼센트 미만의 범위에서 확대하는</u> 경우에는 주민의견 청취절차를 거치지 아니할 수 있다. 정비계획 입안을 위한 주민의견청취, 주민에 대한 서면통보, 주민설명회, 주민공람 및 지방의회의 의견청취 절차를 거치지 아니할 수 있다.

> "대통령령으로 정하는 경미한 사항을 변경하는 경우"란 다음의 어느 하나에 해당하는 경우를 말한다.
> 1. 정비구역의 면적을 10퍼센트 미만의 범위에서 변경하는 경우(정비구역을 분할, 통합 또는 결합하는 경우를 제외한다)
> 2. 정비기반시설의 위치를 변경하는 경우와 정비기반시설 규모를 10퍼센트 미만의 범위에서 변경하는 경우
> 3. 공동이용시설 설치계획을 변경하는 경우
> 4. 재난방지에 관한 계획을 변경하는 경우
> 5. 정비사업시행 예정시기를 3년의 범위에서 조정하는 경우
> 6. 건축물의 주용도(해당 건축물의 가장 넓은 바닥면적을 차지하는 용도를 말한다)를 변경하는 경우
> 7. 건축물의 건폐율 또는 용적률을 축소하거나 10퍼센트 미만의 범위에서 확대하는 경우
> 8. 건축물의 최고 높이를 변경하는 경우
> 9. 법 제66조에 따라 용적률을 완화하여 변경하는 경우
> 10. 도시·군기본계획, 도시·군관리계획 또는 기본계획의 변경에 따라 정비계획을 변경하는 경우
> 11. 「도시교통정비 촉진법」에 따른 교통영향평가 등 관계법령에 의한 심의결과에 따른 변경인 경우
> 12. 시·도 조례로 정하는 사항을 변경하는 경우

23. ③ `Key point` **정비사업의 시행자** 난이도 中 [합격보장문제]

③ 토지등소유자가 <u>20인 미만인</u> 경우에는 토지등소유자가 직접 <u>재개발사업을 시행할 수 있다.</u>

24. ⑤ Key point **관리처분계획의 내용** 난이도 中 [합격보장문제]
⑤ 정비사업비의 추산액(재건축사업의 경우에는 『재건축초과이익 환수에 관한 법률』에 따른 재건축부담금에 관한 사항을 포함한다) 및 그에 따른 조합원 분담규모 및 분담시기

25. ⑤ Key point **세대구분형공동주택의 설치 기준 등** 난이도 中 [합격보장문제]
⑤ ㄱ, ㄴ, ㄷ, ㄹ은 모두 옳은 문장이다.

■ **세대구분형 공동주택**
⑴ 공동주택의 주택 내부 공간의 일부를 세대별로 구분하여 생활이 가능한 구조로 하되, 그 구분된 공간 일부에 대하여 구분소유를 할 수 없는 주택으로서 대통령령으로 정하는 건설기준, 설치기준, 면적기준 등에 적합한 주택을 말한다.

> 1. 사업계획의 승인을 받아 건설하는 공동주택의 경우 : 다음의 요건을 모두 충족할 것
>   ① 세대별로 구분된 각각의 공간마다 별도의 욕실, 부엌과 현관을 설치할 것
>   ② 하나의 세대가 통합하여 사용할 수 있도록 세대 간에 연결문 또는 경량구조의 경계벽 등을 설치할 것
>   ③ 세대구분형 공동주택의 세대수가 해당 주택단지 안의 공동주택 전체 세대수의 3분의 1을 넘지 않을 것
>   ④ 세대별로 구분된 각각의 공간의 주거전용면적(주거의 용도로만 쓰이는 면적으로서 법 제2조 제6호 후단에 따른 방법으로 산정된 것을 말한다. 이하 같다) 합계가 해당 주택단지 전체 주거전용면적 합계의 3분의 1을 넘지 않는 등 국토교통부장관이 정하여 고시하는 주거전용면적의 비율에 관한 기준을 충족할 것
> 2. 공동주택관리법 제35조에 따른 행위의 허가를 받거나 신고를 하고 설치하는 공동주택의 경우 : 다음의 요건을 모두 충족할 것
>   ① 구분된 공간의 세대수는 기존 세대를 포함하여 2세대 이하일 것
>   ② 세대별로 구분된 각각의 공간마다 별도의 욕실, 부엌과 구분 출입문을 설치할 것
>   ③ 세대구분형 공동주택의 세대수가 해당 주택단지 안의 공동주택 전체 세대수의 10분의 1과 해당 동의 전체 세대수의 3분의 1을 각각 넘지 않을 것. 다만, 관할 특별자치시장, 특별자치도지사, 시장, 군수 또는 구청장(구청장은 자치구의 구청장을 말하며, 이하 "시장·군수·구청장"이라 한다)이 부대시설의 규모 등 해당 주택단지의 여건을 고려하여 인정하는 범위에서 세대수의 기준을 넘을 수 있다.
>   ④ 구조, 화재, 소방 및 피난안전 등 관계 법령에서 정하는 안전 기준을 충족할 것

⑵ 세대구분형 공동주택의 규정에 따라 건설 또는 설치되는 주택과 관련하여 주택건설기준 등을 적용하는 경우 세대구분형 공동주택의 세대수는 그 구분된 공간의 세대에 관계 없이 하나의 세대로 산정한다.

26. ② Key point **주택건설사업계획 승인여부 통보 등** 난이도 中 [합격보장문제]
① 주거전용 단독주택인 건축법령상 한옥인 경우 50호 이상의 건설사업을 시행하려는 자는 사업계획승인을 받아야 한다.
③ 주택건설사업을 시행하려는 자는 전체 세대수가 600세대 이상의 주택단지를 공구별로 분할하여 주택을 건설·공급할 수 있다.
④ 사업주체는 공사의 착수기간이 연장되지 않는 한 주택건설사업계획의 승인을 받은 날부터 5년 이내에 공사를 시작하여야 한다.

⑤ 사업계획승인의 조건으로 부과된 사항을 이행함에 따라 공사 착수가 지연되는 경우, 사업계획승인권자는 그 사유가 없어진 날부터 1년 범위에서 공사의 착수기간을 연장할 수 있다.

27. ⑤ Key point **부대시설 및 복리시설의 구별** 난이도 下 [꼭 맞혀야 하는 문제]
⑤ 주민운동시설은 복리시설이다.

■ **부대시설**

> 부대시설이란 주택에 딸린 다음의 시설 또는 설비를 말한다.
> 1. 주차장, 관리사무소, 담장 및 주택단지 안의 도로
> 2. 건축법 제2조 제1항 제4호에 따른 건축설비
> 3. 대통령령으로 정하는 시설 또는 설비 : 보안등, 대문, 경비실 및 자전거보관소, 조경시설, 옹벽 및 축대, 안내표지판 및 공중화장실, 저수시설, 지하양수시설 및 대피시설, 쓰레기 수거 및 처리시설, 오수처리시설, 정화조, 소방시설, 냉난방공급시설(지역난방공급시설은 제외한다) 및 방범설비

28. ④ Key point **주택의 건설 − 주택조합** 난이도 中 [합격보장문제]
④ 전매가 금지되는 경우에는 신규가입 교체할 수 없다.

■ **지역·직장주택조합 조합원의 신규가입·교체 등**
⑴ 신규가입 등의 금지 : 지역주택조합 또는 직장주택조합은 그 설립인가를 받은 후에는 해당 조합원을 교체하거나 신규로 가입하게 할 수 없다. 다만, 다음 아래의 어느 하나에 해당하는 경우에는 예외로 한다. 다만, 조합원 수가 주택건설예정세대수를 초과하지 아니하는 범위에서 시장·군수·구청장으로부터 조합원 추가모집의 승인을 받은 경우와 다음에 해당하는 사유로 결원이 발생한 범위에서 충원하는 경우에는 그러하지 아니하다.

> 1. 조합원의 사망
> 2. 사업계획승인 이후에 입주자로 선정된 지위가 양도·증여 또는 판결 등으로 변경된 경우 다만, 투기과열지구에서 건설·공급되는 주택의 입주자로 선정된 지위의 전매가 금지되는 경우는 제외한다.
> 3. 조합원의 탈퇴 등으로 조합원 수가 주택건설예정세대수의 50% 미만이 되는 경우
> 4. 조합원이 무자격자로 판명되어 자격을 상실하는 경우
> 5. 사업계획승인 과정 등에서 주택건설예정세대수가 변경되어 조합원 수가 변경된 세대수의 50% 미만이 되는 경우

⑵ 자격요건 충족 여부의 판단기준 : 조합원으로 추가 모집되는 자와 충원되는 자에 대한 조합원 자격요건 충족 여부의 판단은 해당 주택조합의 설립인가신청일을 기준으로 한다.
⑶ 변경인가신청 : 조합원 추가모집의 승인과 조합원 추가모집에 따른 주택조합의 변경인가신청은 사업계획승인신청일까지 하여야 한다.

29. ① Key point **주택의 건설 − 주택상환사채** 난이도 中 [합격보장문제]
① 등록사업자의 경우 보증을 받은 경우에만 발행할 수 있다.
한국토지주택공사는 금융기관 또는 주택도시보증공사의 보증 없이 주택상환사채를 발행할 수 있다.

30. ② **Key point** **주택의 공급절차 및 공급제한 등** 난이도 上 [고득점 보장문제]

① 사업주체(국가, 지방자치단체, 한국토지주택공사 또는 지방공사 및 국가 등이 단독 또는 공동으로 총지분의 50%를 초과하여 출자한 부동산투자회사인 사업주체는 제외한다)는 입주자를 모집하려면 일정한 서류를 갖추어 시장·군수·구청장의 승인을 받아야 한다. 다만 사업주체는 사업계획 승인을 받은 복리시설 중 근린생활시설 및 유치원 등 일반에게 공급하는 복리시설의 입주자를 모집하는 경우에는 입주자모집 5일 전까지 일정한 서류를 갖추어 시장·군수·구청장에게 신고하여야 한다.
따라서 지방자치단체가 총지분의 100분의 60을 출자한 부동산투자회사는 공공주택사업자이므로 입주자모집의 승인을 받을 필요가 없다.
③ 분양가상한제 적용지역은 국토교통부장관이 지정한다.
④ 도시 및 주거환경정비법에 따른 공공재개발사업에서 건설·공급하는 주택인 경우 분양가상한제를 적용하지 아니한다.
⑤ 상속의 경우에는 제외된다.

31. ① **Key point** **투기과열지구 지정요건** 난이도 下 [꼭 맞혀야 하는 문제]

■ **투기과열지구의 지정요건**
투기과열지구는 해당 지역의 주택가격상승률이 물가상승률보다 현저히 높은 지역으로서 그 지역의 청약경쟁률·주택가격·주택보급률 및 주택공급계획 등과 지역주택시장여건 등을 고려하였을 때 주택에 대한 투기가 성행하고 있거나 성행할 우려가 있는 지역 중 대통령령으로 정하는 기준을 충족하는 곳이어야 한다.

> 1. 투기과열지구로 지정하는 날이 속하는 달의 바로 전달(이하에서 "투기과열지구지정직전월"이라 한다)부터 소급하여 주택공급이 있었던 2개월 동안 해당 지역에서 공급되는 주택의 월별 평균 청약경쟁률이 모두 5대 1을 초과하였거나 국민주택규모 주택의 월별 평균 청약경쟁률이 모두 10대 1을 초과한 곳
> 2. 다음의 어느 하나에 해당하여 주택공급이 위축될 우려가 있는 곳
>   ① 투기과열지구지정직전월의 주택분양실적이 전달보다 30퍼센트 이상 감소한 곳
>   ② 사업계획승인 건수나 건축법에 따른 건축허가 건수(투기과열지구지정직전월부터 소급하여 6개월간의 건수를 말한다)가 직전 연도보다 급격하게 감소한 곳
> 3. 신도시 개발이나 주택의 전매행위 성행 등으로 투기 및 주거불안의 우려가 있는 곳으로서 다음의 어느 하나에 해당하는 곳
>   ① 해당 지역이 속하는 시·도별 주택보급률이 전국 평균 이하인 경우
>   ② 해당 지역이 속하는 시·도별 자가주택비율이 전국 평균 이하인 경우
>   ③ 해당 지역의 분양주택(투기과열지구로 지정하는 날이 속하는 연도의 직전 연도에 분양된 주택을 말한다)의 수가 입주자저축에 가입한 사람으로서 국토교통부령으로 정하는 사람의 수보다 현저히 적은 곳

32. ③ **Key point** **용어정의 − 지하층** 난이도 下 [꼭 맞혀야 하는 문제]

③ "지하층"이란 건축물의 바닥이 지표면 아래에 있는 층으로서 바닥에서 지표면까지 평균높이가 해당 층 높이의 2분의 1 이상인 것을 말한다.

33. ② **Key point** **건축물의 용도변경** 난이도 上 [고득점 보장문제]

② ㄱ, ㄹ, ㅁ은 허가사항이다.
ㄴ. 단독주택을 공동주택으로 변경은 건축물대장 기재내용의 변경을 신청한다.
ㄷ. 단독주택을 업무시설로 변경은 건축물대장 기재내용의 변경을 신청한다.

34. ① **Key point** **건축신고** 난이도 上 [고득점 보장문제]

ㄱ은 연면적이 200m² 미만이고 3층 미만인 건축물의 대수선은 신고이므로 옳은 문장이다.
ㄴ, ㄷ. 주요구조부의 수선은 신고사항이므로 옳은 문장이다.
ㄹ. 연면적 100m²이하인 건축물 건축은 신고사항이므로 150m² 건축물의 신축은 허가를 받아야 한다.
ㅁ. 3m 이하인 증축이 신고사항이므로 5m를 증축하는 건축물의 증축은 허가를 받아야 한다.

35. ④ **Key point** **건축허가 등** 난이도 中 [합격보장문제]

① 21층 이상의 건축물을 특별시나 광역시에 건축하려면 특별시장이나 광역시장의 허가를 받아야 한다.
② 허가권자는 숙박시설에 해당하는 건축물의 건축을 허가하는 경우 해당 대지에 건축하려는 건축물의 용도·규모가 주거환경 등 주변 환경을 고려할 때 부적합하다고 인정되는 경우에는 건축위원회의 심의를 거쳐 건축허가를 하지 아니할 수 있다.
③ 허가권자는 허가를 받은 자가 허가를 받은 날부터 2년 이내에 공사가 착수하지 아니한 경우라도 정당한 사유가 있다고 인정되면 1년의 범위에서 공사 기간을 연장할 수 있다.
⑤ 분양을 목적으로 하는 공동주택의 건축허가를 받으려는 자는 대지의 소유권을 확보하여야 한다.

36. ⑤ **Key point** **건축구조기술사의 협력대상 건축물**
난이도 上 [틀려도 되는 문제]

⑤ 6층 이상인 건축물은 건축구조기술사의 협력을 받아야 한다.

■ **건축구조기술사의 협력대상 건축물**
다음에 해당하는 건축물의 설계자는 해당 건축물에 대한 구조의 안전을 확인하는 경우에는 건축구조기술사의 협력을 받아야 한다.

> 1. 6층 이상인 건축물
> 2. 특수구조건축물
> 3. 다중이용 건축물
> 4. 준다중이용 건축물
> 5. 3층 이상의 필로티형식 건축물
> 6. 영 제32조 제1항 제6호(지진구역의 건축물)에 해당하는 건축물 중 국토교통부령으로 정하는 건축물

37. ② **Key point** **지역·지구 및 구역의 건축물 − 층수**
난이도 下 [꼭 맞혀야 하는 문제]

② ㄴ, ㄷ이 틀린 문장이다.
ㄴ. 층의 구분이 명확하지 아니한 건축물은 그 건축물 높이를 4m마다 하나의 층으로 산정한다.
ㄷ. 건축물이 부분에 따라 그 층수가 다른 경우에는 가장 많은 층수를 건축물의 층수로 본다.

38. ⑤ **Key point** **특별건축구역의 지정대상** 난이도 下 [꼭 맞혀야 하는 문제]

⑤ 국가가 국제행사 등을 개최하는 도시 또는 지역의 사업구역은 국토교통부장관이 특별건축구역으로 지정할 수 있다.
지방자치단체가 국제행사 등을 개최하는 도시 또는 지역의 사업구역은 시·도지사가 특별건축구역으로 지정할 수 있다.
①, ②, ③, ④는 개발이 금지되는 지역으로 특별건축구역으로 지정할 수 없다.

39. ③ Key point **농지법 총칙 – 농지의 소유** 난이도 下 [합격보장문제]

③ ㄷ, ㄹ이 옳다.

ㄱ. 상속으로 농지를 취득한 자로서 <u>농업경영을 하는 자는 농지소유상</u>
<u>한의 규제가 없다.</u>

상속으로 농지를 취득한 자로서 농업경영을 하지 아니하는 자는 1만㎡
까지만 소유할 수 있다.

ㄴ. 지방자치단체는 농지소유상한의 규제가 없다.

40. ① Key point **농지전용허가 취소사유** 난이도 上 [고득점 보장문제]

① 거짓이나 그 밖의 부정한 방법으로 전용허가를 받거나 신고한 것이
판명된 경우에는 <u>전용허가를 취소(임의적 취소사유)할 수 있다.</u>

전용허가를 받은 자가 관계 공사의 중지 등에 따른 조치명령을 위반한
경우에는 전용허가를 취소(의무적 취소사유)하여야 한다.

합격까지 박문각

성 명   (필적감정용)
홍 길 동

수험자 유의사항

1. 시험 중에는 통신기기(휴대전화·소형 무전기 등) 및 전자기기(초소형 카메라 등)를 소지하거나 사용할 수 없습니다.
2. 부정행위 예방을 위해 시험문제지에도 수험번호와 성명을 반드시 기재하시기 바랍니다.
3. **시험시간이 종료되면 즉시 답안작성을 멈춰야** 하며, 종료시간 이후 계속 답안을 작성하거나 감독위원의 답안카드 제출지시에 불응할 때에는 당해 시험이 무효처리 됩니다.
4. 기타 감독위원의 정당한 지시에 불응하여 타 수험자의 시험에 방해가 될 경우 퇴실조치 될 수 있습니다.

답안카드 작성 시 유의사항

1. 답안카드 기재·마킹 시에는 **반드시 검은색 사인펜**을 사용해야 합니다.
2. 답안카드를 잘못 작성했을 시에는 카드를 교체하거나 수정테이프를 사용하여 수정할 수 있습니다.
   그러나 불완전한 수정처리로 인해 발생하는 전산자동판독불가 등 불이익은 수험자의 귀책사유입니다.
   －수정테이프 이외의 수정액, 스티커 등은 사용 불가
   －답안카드 왼쪽(성명·수험번호 등)을 제외한 '답안란'만 수정테이프로 수정 가능
3. 성명란은 수험자 본인의 성명을 정자체로 기재합니다.
4. 교시 기재란은 해당교시를 기재하고 해당 란에 마킹합니다.
5. 시험문제지 형별기재란에 표시된 형별(A형 공통)을 확인합니다.
6. 수험번호란은 숫자로 기재하고 아래 해당번호에 마킹합니다.
7. 시험문제지 형별 및 수험번호 등 마킹착오로 인한 불이익은 전적으로 수험자의 귀책사유입니다.
8. 감독위원의 날인이 없는 답안카드는 무효처리 됩니다.
9. 상단과 우측의 검은색 띠(▮▮▮) 부분은 낙서를 금지합니다.
10. 답안카드의 채점은 전산 판독결과에 따르며, 마킹누락, 마킹착오, 불완전한 마킹 등은 수험자의 귀책사유에 해당하므로 이의제기를 하더라도 받아들여지지 않습니다.

부정행위 처리규정

시험 중 다음과 같은 행위를 하는 자는 당해 시험을 무효처리하고 자격별 관련 규정에 따라 일정기간 동안 시험에 응시할 수 있는 자격을 정지합니다.

1. 시험과 관련된 대화, 답안카드 교환, 다른 수험자 답안·문제지를 보고 답안 작성, 대리시험을 치르거나 치르게 하는 행위, 시험 문제 내용과 관련된 물건을 휴대하거나 이를 주고받는 행위
2. 시험장 내외로부터 도움을 받아 답안을 작성하는 행위, 공인어학성적 및 응시자격서류를 허위기재하여 제출하는 행위
3. 통신기기(휴대전화·소형 무전기 등) 및 전자기기(초소형 카메라 등)를 휴대하거나 사용하는 행위
4. 다른 수험자와 성명 및 수험번호를 바꾸어 작성·제출하는 행위
5. 기타 부정 또는 불공정한 방법으로 시험을 치르는 행위

교시 기재란
(1)교시 ● ② ③

형별 기재란	A형
	●

선 택 과 목 1

선 택 과 목 2

수 험 번 호
0 1 3 2 9 8 0 1
● ⓪ ⓪ ⓪ ⓪ ⓪ ● ⓪
① ● ① ① ① ① ① ●
② ② ② ● ② ② ② ②
③ ③ ● ③ ③ ③ ③ ③
④ ④ ④ ④ ④ ④ ④ ④
⑤ ⑤ ⑤ ⑤ ⑤ ⑤ ⑤ ⑤
⑥ ⑥ ⑥ ⑥ ⑥ ⑥ ⑥ ⑥
⑦ ⑦ ⑦ ⑦ ⑦ ⑦ ⑦ ⑦
⑧ ⑧ ⑧ ⑧ ⑧ ● ⑧ ⑧
⑨ ⑨ ⑨ ⑨ ● ⑨ ⑨ ⑨

감독위원 확인
김 ㉑ 독

성 명
(필적감정용)

( )년도 ( ) 제( )차 국가전문자격시험 답안카드

교시 기재란
( )교시 ① ② ③

형별 기재란 A형 ●

선 택 과 목 1

선 택 과 목 2

수 험 번 호

⓪	⓪	⓪	⓪	⓪	⓪	⓪	⓪	⓪
①	①	①	①	①	①	①	①	①
②	②	②	②	②	②	②	②	②
③	③	③	③	③	③	③	③	③
④	④	④	④	④	④	④	④	④
⑤	⑤	⑤	⑤	⑤	⑤	⑤	⑤	⑤
⑥	⑥	⑥	⑥	⑥	⑥	⑥	⑥	⑥
⑦	⑦	⑦	⑦	⑦	⑦	⑦	⑦	⑦
⑧	⑧	⑧	⑧	⑧	⑧	⑧	⑧	⑧
⑨	⑨	⑨	⑨	⑨	⑨	⑨	⑨	⑨

감독위원 확인

㊞

1	①②③④⑤	21	①②③④⑤	41	①②③④⑤	61	①②③④⑤	81
2	①②③④⑤	22	①②③④⑤	42	①②③④⑤	62	①②③④⑤	82
3	①②③④⑤	23	①②③④⑤	43	①②③④⑤	63	①②③④⑤	83
4	①②③④⑤	24	①②③④⑤	44	①②③④⑤	64	①②③④⑤	84
5	①②③④⑤	25	①②③④⑤	45	①②③④⑤	65	①②③④⑤	85
6	①②③④⑤	26	①②③④⑤	46	①②③④⑤	66	①②③④⑤	86
7	①②③④⑤	27	①②③④⑤	47	①②③④⑤	67	①②③④⑤	87
8	①②③④⑤	28	①②③④⑤	48	①②③④⑤	68	①②③④⑤	88
9	①②③④⑤	29	①②③④⑤	49	①②③④⑤	69	①②③④⑤	89
10	①②③④⑤	30	①②③④⑤	50	①②③④⑤	70	①②③④⑤	90
11	①②③④⑤	31	①②③④⑤	51	①②③④⑤	71	①②③④⑤	91
12	①②③④⑤	32	①②③④⑤	52	①②③④⑤	72	①②③④⑤	92
13	①②③④⑤	33	①②③④⑤	53	①②③④⑤	73	①②③④⑤	93
14	①②③④⑤	34	①②③④⑤	54	①②③④⑤	74	①②③④⑤	94
15	①②③④⑤	35	①②③④⑤	55	①②③④⑤	75	①②③④⑤	95
16	①②③④⑤	36	①②③④⑤	56	①②③④⑤	76	①②③④⑤	96
17	①②③④⑤	37	①②③④⑤	57	①②③④⑤	77	①②③④⑤	97
18	①②③④⑤	38	①②③④⑤	58	①②③④⑤	78	①②③④⑤	98
19	①②③④⑤	39	①②③④⑤	59	①②③④⑤	79	①②③④⑤	99
20	①②③④⑤	40	①②③④⑤	60	①②③④⑤	80	①②③④⑤	100

81	①②③④⑤	101	①②③④⑤	121	①②③④⑤
82	①②③④⑤	102	①②③④⑤	122	①②③④⑤
83	①②③④⑤	103	①②③④⑤	123	①②③④⑤
84	①②③④⑤	104	①②③④⑤	124	①②③④⑤
85	①②③④⑤	105	①②③④⑤	125	①②③④⑤
86	①②③④⑤	106	①②③④⑤	
87	①②③④⑤	107	①②③④⑤	
88	①②③④⑤	108	①②③④⑤	
89	①②③④⑤	109	①②③④⑤	
90	①②③④⑤	110	①②③④⑤	
91	①②③④⑤	111	①②③④⑤	
92	①②③④⑤	112	①②③④⑤	
93	①②③④⑤	113	①②③④⑤	
94	①②③④⑤	114	①②③④⑤	
95	①②③④⑤	115	①②③④⑤	
96	①②③④⑤	116	①②③④⑤	
97	①②③④⑤	117	①②③④⑤	
98	①②③④⑤	118	①②③④⑤	
99	①②③④⑤	119	①②③④⑤	
100	①②③④⑤	120	①②③④⑤	

수험자

여러분의

합격을

기원합니다.

합격까지 박문각

성 명 (필적감정용)
홍 길 동

수험자 유의사항

1. 시험 중에는 통신기기(휴대전화·소형 무전기 등) 및 전자기기(초소형 카메라 등)를 소지하거나 사용할 수 없습니다.
2. 부정행위 예방을 위해 시험문제지에도 수험번호와 성명을 반드시 기재하시기 바랍니다.
3. **시험시간이 종료되면 즉시 답안작성을 멈춰야** 하며, 종료시간 이후 계속 답안을 작성하거나 감독위원의 답안카드 제출지시에 불응할 때에는 당해 시험이 무효처리 됩니다.
4. 기타 감독위원의 정당한 지시에 불응하여 타 수험자의 시험에 방해가 될 경우 퇴실조치 될 수 있습니다.

교시 기재란
(1)교시 ● ② ③

형별 기재란	A형
	●

답안카드 작성 시 유의사항

1. 답안카드 기재·마킹 시에는 **반드시 검은색 사인펜**을 사용해야 합니다.
2. 답안카드를 잘못 작성했을 시에는 카드를 교체하거나 수정테이프를 사용하여 수정할 수 있습니다.
   그러나 불완전한 수정처리로 인해 발생하는 전산자동판독불가 등 불이익은 수험자의 귀책사유입니다.
   - 수정테이프 이외의 수정액, 스티커 등은 사용 불가
   - 답안카드 왼쪽(성명·수험번호 등)을 제외한 '답안란'만 수정테이프로 수정 가능
3. 성명란은 수험자 본인의 성명을 정자체로 기재합니다.
4. 교시 기재란은 해당교시를 기재하고 해당 란에 마킹합니다.
5. 시험문제지 형별기재란에 표시된 형별(A형 공통)을 확인합니다.
6. 수험번호란은 숫자로 기재하고 아래 해당번호에 마킹합니다.
7. 시험문제지 형별 및 수험번호 등 마킹착오로 인한 불이익은 전적으로 수험자의 귀책사유입니다.
8. 감독위원의 날인이 없는 답안카드는 무효처리 됩니다.
9. 상단과 우측의 검은색 띠(▮▮▮) 부분은 낙서를 금지합니다.
10. 답안카드의 채점은 전산 판독결과에 따르며, 마킹누락, 마킹착오, 불완전한 마킹 등은 수험자의 귀책사유에 해당하므로 이의제기를 하더라도 받아들여지지 않습니다.

선 택 과 목 1

선 택 과 목 2

부정행위 처리규정

시험 중 다음과 같은 행위를 하는 자는 당해 시험을 무효처리하고 자격별 관련 규정에 따라 일정기간 동안 시험에 응시할 수 있는 자격을 정지합니다.

1. 시험과 관련된 대화, 답안카드 교환, 다른 수험자 답안·문제지를 보고 답안 작성, 대리시험을 치르거나 치르게 하는 행위, 시험 문제 내용과 관련된 물건을 휴대하거나 이를 주고받는 행위
2. 시험장 내외로부터 도움을 받아 답안을 작성하는 행위, 공인어학성적 및 응시자격서류를 허위기재하여 제출하는 행위
3. 통신기기(휴대전화·소형 무전기 등) 및 전자기기(초소형 카메라 등)를 휴대하거나 사용하는 행위
4. 다른 수험자와 성명 및 수험번호를 바꾸어 작성·제출하는 행위
5. 기타 부정 또는 불공정한 방법으로 시험을 치르는 행위

수 험 번 호

0	1	3	2	9	8	0	1
●	⓪	⓪	⓪	⓪	⓪	●	⓪
①	●	①	①	①	①	①	●
②	②	②	●	②	②	②	②
③	③	●	③	③	③	③	③
④	④	④	④	④	④	④	④
⑤	⑤	⑤	⑤	⑤	⑤	⑤	⑤
⑥	⑥	⑥	⑥	⑥	⑥	⑥	⑥
⑦	⑦	⑦	⑦	⑦	⑦	⑦	⑦
⑧	⑧	⑧	⑧	⑧	●	⑧	⑧
⑨	⑨	⑨	⑨	●	⑨	⑨	⑨

감독위원 확인
긴 감독

마킹주의	바르게 마킹 : ● 잘못 마킹 : ⊗, ⊙, ⊙, ◎, ①, ⊖, ⌒, ◎	(예 시) →

<table>
<tr><td colspan="2" align="center">성 명
(필적감정용)</td></tr>
<tr><td colspan="2" align="center">홍 길 동</td></tr>
</table>

수험자 유의사항

1. 시험 중에는 통신기기(휴대전화·소형 무전기 등) 및 전자기기(초소형 카메라 등)를 소지하거나 사용할 수 없습니다.
2. 부정행위 예방을 위해 시험문제지에도 수험번호와 성명을 반드시 기재하시기 바랍니다.
3. **시험시간이 종료되면 즉시 답안작성을 멈춰야** 하며, 종료시간 이후 계속 답안을 작성하거나 감독위원의 답안카드 제출지시에 불응할 때에는 당해 시험이 무효처리 됩니다.
4. 기타 감독위원의 정당한 지시에 불응하여 타 수험자의 시험에 방해가 될 경우 퇴실조치 될 수 있습니다.

교시 기재란

(1)교시 ● ② ③

형별 기재란	A형
	●

선택과목 1

선택과목 2

답안카드 작성 시 유의사항

1. 답안카드 기재·마킹 시에는 **반드시 검은색 사인펜**을 사용해야 합니다.
2. 답안카드를 잘못 작성했을 시에는 카드를 교체하거나 수정테이프를 사용하여 수정할 수 있습니다.
   그러나 불완전한 수정처리로 인해 발생하는 전산자동판독불가 등 불이익은 수험자의 귀책사유입니다.
   −수정테이프 이외의 수정액, 스티커 등은 사용 불가
   −답안카드 왼쪽(성명·수험번호 등)을 제외한 '답안란'만 수정테이프로 수정 가능
3. 성명란은 수험자 본인의 성명을 정자체로 기재합니다.
4. 교시 기재란은 해당교시를 기재하고 해당 란에 마킹합니다.
5. 시험문제지 형별기재란에 표시된 형별(A형 공통)을 확인합니다.
6. 수험번호란은 숫자로 기재하고 아래 해당번호에 마킹합니다.
7. 시험문제지 형별 및 수험번호 등 마킹착오로 인한 불이익은 전적으로 수험자의 귀책사유입니다.
8. 감독위원의 날인이 없는 답안카드는 무효처리 됩니다.
9. 상단과 우측의 검은색 띠(■■■) 부분은 낙서를 금지합니다.
10. 답안카드의 채점은 전산 판독결과에 따르며, 마킹누락, 마킹착오, 불완전한 마킹 등은 수험자의 귀책사유에 해당하므로 이의제기를 하더라도 받아들여지지 않습니다.

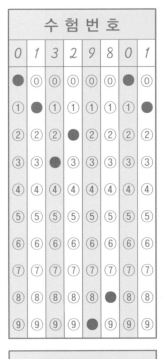

수 험 번 호

0	1	3	2	9	8	0	1
●	⓪	⓪	⓪	⓪	⓪	●	⓪
①	●	①	①	①	①	①	●
②	②	②	●	②	②	②	②
③	③	●	③	③	③	③	③
④	④	④	④	④	④	④	④
⑤	⑤	⑤	⑤	⑤	⑤	⑤	⑤
⑥	⑥	⑥	⑥	⑥	⑥	⑥	⑥
⑦	⑦	⑦	⑦	⑦	⑦	⑦	⑦
⑧	⑧	⑧	⑧	⑧	●	⑧	⑧
⑨	⑨	⑨	⑨	●	⑨	⑨	⑨

부정행위 처리규정

시험 중 다음과 같은 행위를 하는 자는 당해 시험을 무효처리하고 자격별 관련 규정에 따라 일정기간 동안 시험에 응시할 수 있는 자격을 정지합니다.

1. 시험과 관련된 대화, 답안카드 교환, 다른 수험자 답안·문제지를 보고 답안 작성, 대리시험을 치르거나 치르게 하는 행위, 시험 문제 내용과 관련된 물건을 휴대하거나 이를 주고받는 행위
2. 시험장 내외로부터 도움을 받아 답안을 작성하는 행위, 공인어학성적 및 응시자격서류를 허위기재하여 제출하는 행위
3. 통신기기(휴대전화·소형 무전기 등) 및 전자기기(초소형 카메라 등)를 휴대하거나 사용하는 행위
4. 다른 수험자와 성명 및 수험번호를 바꾸어 작성·제출하는 행위
5. 기타 부정 또는 불공정한 방법으로 시험을 치르는 행위

감독위원 확인

김 ㉑ 독

성 명
(필적감정용)

( )년도 ( ) 제( )차 국가전문자격시험 답안카드

교시 기재란

( )교시 ① ② ③

형별 기재란   A형
●

선 택 과 목 1

선 택 과 목 2

수 험 번 호

감독위원 확인
㉑

1	① ② ③ ④ ⑤	21	① ② ③ ④ ⑤	41	① ② ③ ④ ⑤	61	① ② ③ ④ ⑤	81	① ② ③ ④ ⑤	101	① ② ③ ④ ⑤	121	① ② ③ ④ ⑤
2	① ② ③ ④ ⑤	22	① ② ③ ④ ⑤	42	① ② ③ ④ ⑤	62	① ② ③ ④ ⑤	82	① ② ③ ④ ⑤	102	① ② ③ ④ ⑤	122	① ② ③ ④ ⑤
3	① ② ③ ④ ⑤	23	① ② ③ ④ ⑤	43	① ② ③ ④ ⑤	63	① ② ③ ④ ⑤	83	① ② ③ ④ ⑤	103	① ② ③ ④ ⑤	123	① ② ③ ④ ⑤
4	① ② ③ ④ ⑤	24	① ② ③ ④ ⑤	44	① ② ③ ④ ⑤	64	① ② ③ ④ ⑤	84	① ② ③ ④ ⑤	104	① ② ③ ④ ⑤	124	① ② ③ ④ ⑤
5	① ② ③ ④ ⑤	25	① ② ③ ④ ⑤	45	① ② ③ ④ ⑤	65	① ② ③ ④ ⑤	85	① ② ③ ④ ⑤	105	① ② ③ ④ ⑤	125	① ② ③ ④ ⑤
6	① ② ③ ④ ⑤	26	① ② ③ ④ ⑤	46	① ② ③ ④ ⑤	66	① ② ③ ④ ⑤	86	① ② ③ ④ ⑤	106	① ② ③ ④ ⑤		
7	① ② ③ ④ ⑤	27	① ② ③ ④ ⑤	47	① ② ③ ④ ⑤	67	① ② ③ ④ ⑤	87	① ② ③ ④ ⑤	107	① ② ③ ④ ⑤		
8	① ② ③ ④ ⑤	28	① ② ③ ④ ⑤	48	① ② ③ ④ ⑤	68	① ② ③ ④ ⑤	88	① ② ③ ④ ⑤	108	① ② ③ ④ ⑤		
9	① ② ③ ④ ⑤	29	① ② ③ ④ ⑤	49	① ② ③ ④ ⑤	69	① ② ③ ④ ⑤	89	① ② ③ ④ ⑤	109	① ② ③ ④ ⑤		
10	① ② ③ ④ ⑤	30	① ② ③ ④ ⑤	50	① ② ③ ④ ⑤	70	① ② ③ ④ ⑤	90	① ② ③ ④ ⑤	110	① ② ③ ④ ⑤		
11	① ② ③ ④ ⑤	31	① ② ③ ④ ⑤	51	① ② ③ ④ ⑤	71	① ② ③ ④ ⑤	91	① ② ③ ④ ⑤	111	① ② ③ ④ ⑤		
12	① ② ③ ④ ⑤	32	① ② ③ ④ ⑤	52	① ② ③ ④ ⑤	72	① ② ③ ④ ⑤	92	① ② ③ ④ ⑤	112	① ② ③ ④ ⑤		
13	① ② ③ ④ ⑤	33	① ② ③ ④ ⑤	53	① ② ③ ④ ⑤	73	① ② ③ ④ ⑤	93	① ② ③ ④ ⑤	113	① ② ③ ④ ⑤		
14	① ② ③ ④ ⑤	34	① ② ③ ④ ⑤	54	① ② ③ ④ ⑤	74	① ② ③ ④ ⑤	94	① ② ③ ④ ⑤	114	① ② ③ ④ ⑤		
15	① ② ③ ④ ⑤	35	① ② ③ ④ ⑤	55	① ② ③ ④ ⑤	75	① ② ③ ④ ⑤	95	① ② ③ ④ ⑤	115	① ② ③ ④ ⑤		
16	① ② ③ ④ ⑤	36	① ② ③ ④ ⑤	56	① ② ③ ④ ⑤	76	① ② ③ ④ ⑤	96	① ② ③ ④ ⑤	116	① ② ③ ④ ⑤		
17	① ② ③ ④ ⑤	37	① ② ③ ④ ⑤	57	① ② ③ ④ ⑤	77	① ② ③ ④ ⑤	97	① ② ③ ④ ⑤	117	① ② ③ ④ ⑤		
18	① ② ③ ④ ⑤	38	① ② ③ ④ ⑤	58	① ② ③ ④ ⑤	78	① ② ③ ④ ⑤	98	① ② ③ ④ ⑤	118	① ② ③ ④ ⑤		
19	① ② ③ ④ ⑤	39	① ② ③ ④ ⑤	59	① ② ③ ④ ⑤	79	① ② ③ ④ ⑤	99	① ② ③ ④ ⑤	119	① ② ③ ④ ⑤		
20	① ② ③ ④ ⑤	40	① ② ③ ④ ⑤	60	① ② ③ ④ ⑤	80	① ② ③ ④ ⑤	100	① ② ③ ④ ⑤	120	① ② ③ ④ ⑤		

수험자
여러분의
합격을
기원합니다.

합격까지 박문각